लाम्जुङ योह्ल्मो - नेपाली - अङ्ग्रेजी शब्दकोश

Lamjung Yolmo – Nepali – English Dictionary

लोरेन गोर्न र अशा लामा
तसबिरहारु क्रिस्तीन गोर्न

Lauren Gawne
Illustrations Christine Gawne

University of Melbourne, Australia
October 2011

© 2011 Lauren Gawne
lauren.gawne@gmail.com

This work is licensed under a Creative Commons Attribution-Noncommercial-Share Alike 3.0 License.

ISBN 978-1-921775-69-7

Produced with assistance from the Australian Research Council through the ARC Discovery Grant ARC DP0984419 "Doing Great Things With Small Languages" (Thieberger and Nordlinger) and the School of Languages and Linguistics, University of Melbourne.

World Oral Literature Project
voices of vanishing worlds

Produced in association with the World Oral Literature Project, University of Cambridge, Museum of Archaeology and Anthropology, Downing Street, Cambridge CB2 3DZ, United Kingdom

Cover: photograph from the fields of Toljung looking towards Nayagaun, Namgyu and Ghaleshing.

Author profits from the sale of this dictionary will be used for the production of literacy materials for Lamjung Yolmo speakers.

Contents

Introduction (English)..i

Introduction (Nepali)..ii

About Lamjung Yolmo and the orthography (English).......iii

Lamjung Yolmo - English Nepali..1

Nepali - Lamjung Yolmo..43

English - Lamjung Yolmo 71

विषयसूची

प्रस्तावना (अङ्ग्रेजीमा)..i

प्रस्तावना (नेपालीमा)..ii

खबर (अङ्ग्रेजीमा)..iii

लाम्जुङ योॅहल्मोॅ - नेपाली - अङ्ग्रेजी..................................१

नेपाली - लाम्जुङ योॅहल्म ४३

अङ्ग्रेजी - लाम्जुङ योॅहल्मोॅ ७१

Introduction

This short dictionary is the first published work in Lamjung Yolmo. It is not intended to be an exhaustive lexical inventory of the language, but is just one component of on-going documentation of the language. Instead of leaving this work languishing in a database this dictionary is an opportunity to give something back to the Lamjung Yolmo speaking community and to share with a wider audience at the same time. A sketch grammar of Lamjung Yolmo is currently in progress, and so there is limited grammatical description in this volume.

There are many people who helped make this dictionary happen. The Yolmo speakers of Lamjung gave their time and enthusiasm to this project. In Australia there were also lots of people who made this work happen. I would like to thank my supervisor Barbara Kelly for her advice and Rachel Nordlinger and Nick Thieberger for publishing this dictionary as part of their ARC grant "Doing great things with small languages." I'd also like to thank Nick for his technical knowledge and patience, and the crew in the Language Documentation Lab for their support as well as my family and friends. The images in this dictionary were drawn by Christine Gawne. I would also like to thank Mark Turin and the World Oral Literature Project for their enthusiastic support and partnership on this project.

Biggest thanks to Asa Lama who has given many hours to helping me collect words. It is Asa who requested this dictionary when I first started working on Lamjung Yolmo and it is Asa to whom I dedicate it.

Lauren Gawne
October 2011

प्रस्तावना

यो किताब लम्जुङ योल्मो भाषाको पहिलो शब्दकोश हो। लम्जुङ योल्मो लामा भाषा हो। यो भाषा हेलम्बुको शेर्पा भाषा र कागते भाषा सरह भएतापनि अलिकत कतै भिन्न छ।

म यस कार्यको सम्पन्नताको लागि लम्जुङगे योल्मो भाषाका प्रयोगकर्ताहरु र मेरा लम्जुङगे मित्रहरुलाई धन्यवाद ज्ञापन गर्न चाहन्छु।

मेरो नेपाली त्यति राम्रो नभएकोले कुनै भुल भए माफ गरिदिनु होला।

लोरेन गोर्न
अस्तरालि
ओक्तोबेर २०११

About Lamjung Yolmo

Relation to other languages

Lamjung Yolmo is a Tibeto-Burman language spoken in the Lamjung district of Nepal. It is a closely related dialect of Yolmo spoken in the Helambu and Melamchi valley areas north of Kathmandu. Yolmo has also been known as Yohlmo, Hylomo and Helambu Sherpa. It is also very closely related to Kagate, spoken in the Ramechhap district further east. Lamjung Yolmo has, in the past, also been referred to as Kagate although speakers today much prefer the name Lamjung Yolmo. According to various reports around 100 years ago groups left the Melamchi and Helambu areas and migrated west to settle in Lamjung and east to settle in Ramechhap. The languages are still very similar, sharing around 79-87% lexical similarity (Gawne 2010), but they do differ sufficiently in key areas such as the verb system to warrant individual study. More broadly Lamjung Yolmo is in the Central Bodic language family and is related to Sherpa and Lhasa Tibetan (Hari 2010, p. 1).

Speakers of Lamjung Yolmo

Lamjung Yolmo speakers are of ethnic Tibetan decent and practice Buddhism of the Nyingma school. There are around six villages of Lamjung Yolmo speakers, with another group residing in the district capital Besisahar. Although their society is traditionally agrarian in recent years many people have migrated to cities and to work overseas so it is difficult to get a good idea of how many speakers there are. A rough estimate would be less than 700 speakers. The migration and growing preference for Nepali as a home language indicates a declining use in Lamjung Yolmo.

Dictionary structure

The dictionary is divided into three main sections. The first is the Lamjung Yolmo to English and Nepali trilingual section. In this section the headwords are in Devanagari but there is also a transliteration into Latin orthography for those unfamiliar with Devanagari. This section includes detailed English and Nepali definitions and some words also have illustrations.

The second section is a Nepali to Lamjung Yolmo finder list, and the third section is an English to Lamjung Yolmo finder list. These are more minimal than the first section. The English word list is presented in English alphabetical order.

Orthography

For this dictionary Lamjung Yolmo has been written in Devanagari. Although the traditional Tibetan script is more appropriate for the sound system of Lamjung Yolmo, there are very few speakers who are literate in the Tibetan script. In contrast many people are at least somewhat familiar with the Nepali alphabet. Where a sound does not exist generally a digraph has been crated from two symbols. For example, the voiceless lateral sound 'lh' has been represented with ल्ह. Readers of Hari and Lama's (2004) dictionary of Yolmo will find that the orthography is quite similar, although it has been modified for Lamjung Yolmo.

Below is a table of consonants with the Devanagari symbol and the English transliteration. The table is in the same alphabetical order that the dictionary is presented in and has been divided up into groups.

क	k	ख	kh	ग	g	ङ	ŋ
क्य	ky	ख्य	khy	ग्य	gy		
च्य	tʃ	छ्य	tʃh	ज्य	dʒ	ज़्य	ʒ
ञ्य	ɲ						
च	ts	छ	tsh	ज	dz	ज़	z
ट	ʈ	ठ	ʈh	ड	ɖ		
त	t	थ	th	द	d	न	n
प	p	फ	ph	ब	b	म	m
य	y						
र	r	र्ह	rh	ल	l	ल्ह	lh
व	w	स	s	स्य	ʃ	ह	h

Lamjung Yolmo has five vowels and each can be long or short. There is one character for word initial vowels and another for vowels when they occur elsewhere. Unlike Nepali there are no inherent vowels, all vowels are written explicitly. The word initial and regular forms of the vowels and their English transliterations are given in their alphabetical order below. The short forms are given with the letter क.

अ	का	a	आ	का	aa
इ	कि	i	ई	की	ii
उ	कु	u	ऊ	कू	uu
ऐ	के	e	ऐ	के	ee
ओ	को	o	ओ	को	oo

Lamjung Yolmo is a tone language. It has only two tones, high and low, which are on the initial syllable of a word. There are some phonological constraints on tone, for example aspirated sounds are always high tone and voice sounds are always low tone.

To distinguish the tones in the Latin script diacritics are use - so *tá* means hair and *tà* means pheasant. In the Devanagari diacritics are less practical, and so a ह (h) appears after the initial vowel if the word is low tone and high tone is left unmarked. This is the preference of speakers.

Although the spelling system is highly regular, there is one orthographic exception in Lamjung Yolmo. Where the word starts with *h* and is low tone Lamjung Yolmo speakers prefer to put the vowel first and represent the h with the low tone marker. So for example instead of ओङ्हदोङ् (òŋdoŋ 'come') speakers prefer to write होङ्दोङ्. Where this occurs it is flagged in the first section of the dictionary.

References

Gawne, L. (2010). "Lamjung Yolmo: a dialect of Yolmo, also known as Helambu Sherpa." *Nepalese Linguistics* **25**: 34-41.

Hari, A. M. (2010). *Yohlmo Sketch Grammar*. Kathmandu, Ekta books.

Hari, A. M. and C. Lama (2004). *Hyolmo-Nepālī-Aṅgrejī śabdakośa = Yohlmo - Nepali - English dictionary*. Kathmandu, Central Dept. of Linguistics, Tribhnvan University.

लाम्जुङ योहल्मो - अङ्ग्रेजी - नेपाली

अ

अ तापतोङ [á táp] *v. t.* to bite. टोक्नु.

अगू [águu] *n.* father's younger brother. काका.

अगू च्योमबो [águu tʃómbo] *n.* father's elder brother. ठूलो बा.

अङ [áŋ] *conj.* also. पनि.

अङ्दुङ [àŋduŋ] *n.* a traditional dress worn by Yolmo women. चुबा.

अछ्या [átʃha] *excl.* exclamation. ओहो.

अचाले [átsale] *adj.* wrong. गलत.

अजि [ádzi] *n.* elder sister. दिदी.

अदा [áda] *n.* older brother. दाइ.

अनि [áni] *n.* father's younger sister. बाको बाहिनी.

अनि [áni] *conj.* and. अनि. [Source: Nepali]

अनि च्योमबो [áni tʃómbo] *n.* father's elder sister. बाको दिदी.

अपे [apé] *excl.* oh. ओहो.

अबा [ába] *n.* father. बाबु.

अमा [áma] *n.* mother. आमा.

अमबाक [àmbak] *n.* guava. अम्बा. [Source: Nepali]

अराक [árak] *n.* a strong alcohol. रक्सी.

अरु [áru] *n.* a large clay jug. घ्याम्यो. See: phúmba.

अल [ál] *n.* a lake. ताल्.

अलोङ [àloŋ] *n.* traditional large earrings, worn over the ear. टप.

अस्याङ [áʃaŋ] *n.* uncle; mother's younger brother. मामा. [Source: Nepali]

अस्याङ च्योमबो [áʃaŋ tʃómbo] *n.* uncle; mother's elder brother. ठूलो अशाङ. [Source: Nepali]

इ

इबि रेरे [íbi rère] *n.* asparagus. कुरिलो.

इह्नार [ìnar] *n.*a large well.इनार.

उ

उपतोङ [úp] *v. t.* to cover. छोप्नु.

उपा [úpa] *n.* owl. उल्लु.

उहरतोङ [ùr] *v. i.* to fly. उड्नु.

ऊ

ऊ फेरतोङ [úu phér] *v. i.* to breathe. सास फेर्नु. [Source: *úu* Yolmo *phér*- Nepali]

ऊहसु [ùusu] *n.* coriander. धनियाँ.

ऐ

ऐरमाङ [érmaŋ] *n.* Szechuan pepper, a plant, leaves used in cooking and medicine. Botanical name: *Zanthoxylum*. तिमुर.[see image on right, तल तसबिर हेर्नुस]

ऐरका [érka] Variant: értaŋ. *n.* monsoon, June - August. मौसम.

ए

ए [ée] *part.* call used to attract a person's attention. ओहो.

ओ

ओहङदोङ [òŋ] *v. i.* to come. आउनु.

ओहगे [òŋge] *v. cop.* copula verb, general fact copula used when the clause is general and accepted knowledge. हुन्छ.

ओहज़ेराङ [òzeraŋ] *adj.* enough ; that much. एतिने.

ओहमदोङ [òm] *v. t.* to convince or woo somebody. फकाउनु.

[alt. spelling होमदोङ]

ओोह्मा [òma] *n.* milk; breast. दुध, स्तन. [alt. spelling होमा]

ओोह्नडा [ònḍa] *adv.* that way. त्योस्तो. [alt. spelling हौनडा]

ओोह्राङ [òraŋ] *pr.* first person plural inclusive. हामी. [alt. spelling होराङ]

ओोरमु [òrmu] *adv.* that way. त्योसारि.

ओोह्रता [òrta] *n.* a fence. बार. [alt. spelling होर्ता]

ओ

ओ [óo] *voc.* invocation. है.

ओह् [òo] *postp.* there, indicating a distance. Can also be used to indicate a person, generally someone not present. त्यहाँ.

ओकेल [óokel] *n.* a mortar and pestle used for pounding rice into flour. ओकल. [Source: Nepali]

ओह्दि [òodi] *dem.* that. त्यो.

ओह्दिगि पेह्दि [òodigi pèdi] *conj.* therefore. त्यसकारण.

ओनज्यु [òondʒu] *n.* a traditional Tibetan blouse worn by women. कमिज. Syn: tòtʃe.

ओह्लेगि [òolegi] *conj.* and then. अनि.

क

काह् [kà] *adj.* open. खोलेको.

काह्दोङ [kà] *v. t.* like. मन पराउनु.

काह् पेह्दोङ [kà pè] *v. t.* to open. खोल्नु.

काइतो [káito] *n.* shawl. पछ्यौरा.

कागाति [kágati] *n.* lemon. कागती. [Source: Nepali]

काह्ङ [kàŋ] *adj.* full. पुरा.

काह्ङ [kàŋ] *n.* hill. डाँडा.

काह्ङदोङ [kàŋ] *v. i.* to fill up. भर्नु.

काङबा [káŋba] *n.* leg. खुट्टो.

काङबा जुह्बु [káŋba dzùbu] *n.* toe. खुट्टाको औंलो.

काङबा लास्या [káŋba láʃa] *n.* thigh. फिला.

काह्ज्ये [kàʒe] *q.* how many. कति.

काति [káti] *n.* a nail. कीला. [Source: Gurung]

काथा [kátha] *n.* a dagger. छुरी. [Source: Nepali]

कादह्रा [kàda] *n.* a khata, a silk scarf, usually white, given in blessing. खता.

काह्न पेदि [kàn pèdi] *q.* how, pertaining to action. कोसारि.

कानचि [kántʃi] *adj.* younger or youngest. कन्छि. [Source: Nepali]

काह्नडा [kànḍa] *q.* how, in which way. कोसारि.

काह्नदि [kàndi] *q.* which. कुन.

काह्नमु [kànmu] *q.* how, describing physical property. कस्तो.

काह्पु [kàpu] *adj.* old, animate. बूढो.

काम साबु [kám sáŋbu] *adj.* fine. बढिया.

कामदोङ [kám] *v. i.* to dry. सुक्नु.

कामबु [kámbu] *adj.* dry. सुख्खा.

काह्मबु [kàmbu] *n.* a bottle. शिशी.

कामा [káma] *adj.* steep. उकालो.

कामा [káma] *adj.* uphill. उकालो.

काह्मु [kàmu] *adj.* an older woman. बज्यै.

कायु [káyu] *n.* small ceramic cup. कचौरा.

कारतोङ [kár] *v. t.* to trick. चल्नु.

कारतोङ [kár] *v. t.* to weigh something. जोख्नु.

कारा [kára] *n.* belt, or cloth wrapped around the waist. पेटी.

काराङ [káraŋ] *class.* A numeral classifier used as a way of emphasising the number of items or people. वटा.

काराई [káray] *n.* a pot for cooking made of iron. कराई. [Source: Nepali].

कारु [káru] *n.* barley. जौ.

कारता [kárta] *n.* knife. चुक्क. [Source: Nepali]

कारपा [kárpa] *adj.* spicy. पिरो.

कारपु [kárpu] *adj.* white. सेतो.

कारमा [kárma] *n.* minute. मिनट.

कारमा [kárma] *n.* star. तारा.

कारसे [kárse] *adj.* a colour close to white, but not quite, such as grey or tan. फिका सेतो.

काह्लज्यु [kàldʒuŋ] *n.* packet. पोको.

काह्लतोङ [kàl] *v. i.* to go, perfective aspect. जानु. See: ḍò.

काह्लदा [kàlda] *n.* a jug for water; a bag. दानी, झोला.

काह्ला [kàla] *q.* where. कहाँ.

कालाङ सेह [kálaŋ sè] *n.* lapsi, a small, green, sour fruit. लपसि.

कालाम [kálam] *n.* a pen, for writing. कलाम. [Source: Nepali]

काह्वान [kàwan] *n.* cucumber. काँक्रो.

कातोङ [káa] *v. i.* to stop. अडिनु.

कि [kí] *conj.* or. कि.

किताब [kítab] *n.* book. कितब. [Source: Nepali]

किपा [kípa] *n.* caste. जात.

किपु [kípu] *adj.* lucky. भाग्यमानी.

किस्यि [kíʃi] *n.* flea. उपियाँ.

कीदोङ [kíi] *v. t.* to bind. कस्नु.

कुदोङ [kú] *v. t.* to rub in. दल्नु. Syn: ṭùl ; múr.

कुह [kù] *num.* nine. नौ.

कुकु [kúku] *n.* cuckoo bird. कोयाली.

कुङ जुहङ [kúŋ dzùŋ] *n.* elbow. कुहिना.

कुङगा [kúŋga] *n.* holder for butter candles. मैन बत्ति राख्ने बस्तु.

कुहङमु [kùŋmu] *n.* night. रात.

कुहङमु नुहप फे [kùŋmu nùp phé] *n.* midnight. आधारत.

कुहङसे [kùŋse] *n.* evening. बेलुका.

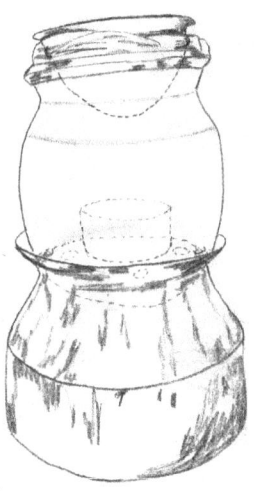

कुनडे [kúnḍe] *n.* the large, bottom pot in which the tʃháŋ is placed and on which sits the háḍa. ठूलो जग भाँडा रक्सी बनाउनेको लिग. [see image above for distilling process, तल तसबिर हेर्नुस]

कुनिङ [kúniŋ] *n.* a thresher, made of wood. झाँट्ने कल. [see image below, तल तसबिर हेर्नुस]

कुहपच्यु [kùptʃu] *num.* ninty. नब्बे.

कुहबा [kùba] *num.* ninth. नवौं.

कुमेन [kúmen] *n.* thief. चोर.

कुहर पेहतोङ [kùr pè] *v. i.* to bend over. निहुरनु.

कुरच्यि [kúrtʃi] *n.* chair. मेच.

कुहरस्यीङ [kùrʃiŋ] *n.* sugarcane. उखु.

कुहल [kùl] *n.* a spirit that lives in the family home. घरमा बस्ने कुल.

कुहलबा [kùlba] *adj.* slow; late. दिलो, अबेर.

कुस्या [kúʃa] *n. h.* hat, honorific. टोपी.

कूदोङ [kúu] *v. i.* to wait. पर्खनु.

केदोङ [ké] *v. t.* to visit. घुम्नु. Syn: khór.

केहडु[kèḍu] *n.* dried vegetables. गुन्द्रुक.

केहनदोङ [kèn] *v. t.* to wear.

लगाउनु.
केफा [képha] *n.* hip. नितम्ब.
केमबा [kémba] *n.* tongs. चिम्टा. Syn: tsímʈa.
के [kée] *n.* noise. हल्ला.
केह्दोङ [kèe] *v. t.* split. चरकनु.
के क्याह्पतोङ [kée kyàp] *v. i.* to call. बोलाउनु.
केह्दाङ लाह्ङ [kèedaŋ làŋ] *adj.* happy. खुसी.
केमु क्यापतोङ [kéemu kyàp] *v. i.* to laugh. हांस्नु.
कोदोङ [kó] *v. t.* to dig. खान्नु.
कोह्दोङ [kò] *v. t.* to need. चाहिने हुनु.
कोह [kò] *n.* door. ढोका.
कोहकपा [kòkpa] *n.* garlic. लसुन.
कोहगा [kòga] *n.* kitchen; a fireplace. चुलो, चुलह्रि.
कोहङ्तोङ [kòŋ] *v. i.* to crouch. कोपरिनु.
कोहताराङ [kòtaraŋ] *postp.* including. लगायत.
कोहनदोङ [kòn] *v. t.* to wear. लाउनु.
कोहपस्या [kòpʃa] *n.* shoes. जुत्ता.
कोहमबा [kòmba] *n.* temple. स्तुपा.
कोमसिन [kómsin] *adj.* thirsty. तिर्खा लग्नु.
कोह्रको [kòrko] *n.* basket. टोकरी.
कोरतोङ [kór] *v. i.* to walk around. घुम्नु.
कोह्रमो [kòrmo] *adj.* round. गोलो.
कोह्लज्या [kòldʒa] *n.* lock. ताला.
कोलदोङ [kól] *v. t.* to boil something, often used in reference to distilling árak. उमाल्नु.
कोह्लेला [kòlela] *adj.* quiet ; slowly. शान्त, बीसदतारे.
कोह्लो चेमा[kòlo tséema] *n.* leafy green vegetable. राजमाक तकार.
कोह्लमो [kòlmo] *n.* a lake. ताल्.
कोबा [kóoba] *n.* skin. छाला.
कोमा [kóoma] *n.* chin. सिउँदो.
कोहार [kóhar] *n.* porcupine. दुम्सी.
काउली [kaulikopi] *n.* cauliflower. काउली. [Source: Nepali]
क्वेह्ला [kwèla] *n.* clothing. लुगा.
क्वेह्ला कोह्नदोङ [kòn] *v. t.* to put on clothes. लुगा लाउनु.
क्रेमु [krému] *n.* scarf. उपर्ना, दोपट्टा.

ख

खा [khá] *n.* mouth. मुख.
खाज्यु [khádʒu] *n.* saliva. थुक्.
खाट [kháʈ] *n.* bed. खाट.
खाप [kháp] *n.* needle. सियो.

खापे [khápe] *n.* branch. हाँगो.

खामबु [khámbu] *n.* peach. आरु.

खारनुप [khárnup] *n.* the day before yesterday. असति.

खारबेसारे [khárbesare] *n.* strawberry. कौवाकाफल.

खालङ्न्यि [khálɲi] *num.* forty. चालिस.

खालङ्न्यि च्यु [khálɲi tʃú] *num.* fifty. पचास.

खालज्यि [kháldʒi] *num.* twenty. बीस.

खालज्यि ङ्न्यि [kháldʒi ɲí] *num.* twentytwo. बाइस.

खालज्यि च्यी [kháldʒi tʃii] *num.* twentyone. एककाइस.

खालज्यि च्यु [kháldʒi tʃú] *num.* thirty. तीस.

खालज्यि सुम [kháldʒi súm] *num.* twenty three. तयइस.

खालज्यो [kháldʒo] *n.* health. स्वास्त्य.

खाल्डि [kháldi] *n.* pocket. खल्ति. [Source: Nepali]

खालमा [khálma] *n.* kidney. मृगौला.

खालस्यि [khálʃi] *num.* eighty. अस्सी.

खालस्यि च्यु [khálʃi tʃú] *num.* ninety. नब्बे.

खालसुम [khálsum] *num.* sixty. साठी.

खालसुम च्यु [khálsum tʃú] *num.* seventy. सत्री.

खावा [kháwa] *n.* snow. हिउँ.

खावा काहङ [kháwa kàŋ] *n.* mountain peak. चुचुरो. [see image below, तल तसबिर हेर्नुस]

खासा [khása] *adj.* Nepali. नेपाली.

खि [khí] *n.* dog. कुकुर.

खिप [khíp] *n.* pin. आलपिन.

खिबा [khíba] *n.* caterpillar. झुसिल्किरा.

खिम [khím] *n.* house. घर. [see image below, तल तसबिर हेर्नुस]

खिम ज्ये [khím dʒe] *n.* neighbour. छिमेकी.

खिमबु [khímbu] *n.* a fork. काँटा, चम्चा.

खिमबु [khímbu] *n.* spoon. चम्चा.

खुङ [khúŋ] *pr.* they , them; the third person plural pronoun. तिमीहरु, तपाईहारू.

खुतोङ [khú] *v. aux.* can. सक्नु.

खुर [khúr] *n.* hoof. खुर. [Source:

Nepali]
खुरतोङ [khúr] *v. t.* to carry something. बोक्नु.
खुरपु [khúrpu] *n.* load. भारी.
खुरा [khúra] *n.* bread. रोटी.
खे [khé] *pr.* second person plural. तिमी.
खेनदि [khéndi] *adj.* bitter. तीतो.
खेनदि कोहरिलो [khéndi kòrilo] *n.* zucchini. तितो कोरिलो. [Source: Nepali]
खेरतोङ [khér] *v. t.* to take away, take with. लैजानु.
खेस्या [khéʃa] *n.* deer. मिर्ग.
खेमबु [khémbu] *n.* the head lama. ठुलो लामा.
खो [khó] *pr.* third person singular, male. उनि.
खोटे [khóʈe] *adj.* crippled. लङगडो.
खोपि [khópi] *n.* room. ताउं; कोटा.
खोप तिबा [khóp tíba] *n.* tattoo. गोदना.
खोरतोङ [khór] *v. t.* to visit. भेट्न जानु. Syn: ké.
खोलमो [khólmo] *n.* a small well. इनार. See: ìnar.

ग

गाहडा [gàɖa] *adj.* dark. जादा. [Source: Nepali]
गाहनजि [gàndzi] *n.* singlet. गन्जी. [Source: Nepali]
गाहरिला [gàrila] *adv.* at the time. घडी.
गाहराम मेहना [gàram mèna] *n.* garam masala. मसला. [Source: Nepali]
गुहनदरि [gùndri] *n.* a straw mat. गुन्द्रि. [Source: Nepali]
गुहरि [gùri] *n.* cat. बिरालो.
गेहद पाले [gèd pále] *n.* gate keeper. पाले. [Source: Nepali; English]
गेहदा [gèda] *n.* rhinoceros. गैंडा.
गोहनडे [gòŋde] *n.* flour cooked with water to make a paste-like substance. डेडो. Syn: tsámba.
गोहरोङ [gòroŋ] *adj.* Gurung. गुरुङ.
गोह [gòo] *n.* head. टाउको.
गिलाहस [glàs] *n.* glass. ग्लास. [Source: English]

ङ

ङा [ŋá] *num.* five. पाँच.
ङादोङ [ŋá] *v. t.* to cut,

specifically grass. काट्नु घाँस.
ङाह् [ŋà] *pr.* I, me; the first person singular. म.
ङापच्यु [ŋáptʃu] *num.* fifty. पचास.
ङाबा [ŋába] *num.* fifth. पाँचौं.
ङामाङ [ŋámaŋ] *n.* tail. पुच्छुर.
ङाह्रमु [ŋàrmu] *adj.* sweet. गुलियो.
ङुतदोङ [ŋù] *v. i.* to cry. रुनु.
ङुल [ŋùl] *n.* silver. चाँदी.
ङो छ्यामु [ŋó tʃhamu] *adj.* embarrassed. लज्जित.
ङोङ [ŋóŋ] *n.* egg of a reptile or fish. माछ्या कि सर्पाको अण्डा.
ङोदोङ [ŋó] *v.t.* to roast. भुट्नु.
ङोमबु [ŋómbu] *adj.* green; blue. हरियो, नीलो.
ङोमसे [ŋómse] *adj.* green, pale or non-typical, many colours of blue also fall into this category. फिका नीलो की नीलो.

क्य

क्याकपा [kyákpa] *n.* feces. दिसा.
क्याकपा ताङतोङ [kyákpa táŋ] *v. i.* to defecate. मल त्याग गर्नु.
क्याह्गार [kyàgar] *n.* millet. कोदो.
क्याज्यु [kyàdʒu] *num.* eighty. अस्सी.
क्यादोङ [kyá] *v. i.* to float. उत्रनु.
क्याह्प [kyàp] *n.* back. पिठु.
क्याह्प [kyàp] *adj.* closed. बन्दा.
क्याह्पतोङ [kyàp] *v.t. ; v. i.* to fall. Also has extensive other uses by itself, or in compounds, see: choke; fry; hit. खस्नु, सास रोकिनु, तार्नु, कुट्नु.
क्याह्परे [kyàpre] *n.* buckwheat. फारप.
क्याह्पला [kyàpla] *postp.* behind. पछाडि.
क्याह्पस्या [kyàpʃar] *n.* ginger. अदुवा.
क्याह्मि [kyàmi] *adj.* foreign. विदेशी.
क्यालबु [kyàlbu] *n.* king. राजा.
क्याह्वा [kyàwa] *n.* funeral. अर्गुङ.
क्याह्सा [kyàsa] *n.* market; a town or city. बजार, शहर.
क्या॒दोङ [kyáa] *v. i.* to feel cold. जाडो लाग्नु.
क्या॒ह्बा [kyàaba] *adj.* fat. मोटो.
क्या॒बु [kyáabu] *n.* cold, of weather. जाडो.
kyábu dàwa the cold months, November - January.
क्युदोङ [kyú] *v. i.* to vomit. छाह्नु.
क्युदोङ [kyú] *v. t.* to leave. छोड्नु.
क्युह्बु [kyùbu] *n.* father-in-law. ससुरा.
क्युह्मा [kyùma] *n.* intestines, guts and also umbilical cord.

आन्द्रा.
क्युहमु [kyùmu] *n.* mother-in-law. सासु.
क्युहमा [kyùma] *n.* a member of the Brahmin caste. बाहुन.
क्युरतोङ [kyúr] *v. t.* to throw, to drop deliberately. फ्याँक्नु.
क्युरपु [kyúrpu] *adj.* sour. अमिलो.
क्येह [kyè] *num.* eight. आठ.
क्येदोङ [kyé] *v.t.* to give birth. ब्याउनु.
क्येपा [kyépa] *n.* waist. कम्मर.
क्येहपा [kyèp] *n.* a turn or a time. चोटि.
क्येहबा [kyèba] *num.* eighth. आठौं.
क्येहवा [kyèwa] *n.* a wooden paddle used for stirring. थुर्मी.
क्ये तहाल [kyé thál] Variant: kyé thál thál. *adj.* light or pale, of colour. फिका.
क्योङदोङ [kyòŋ] *v. t.* to carry. बोक्नु.

ख्य

ख्या [khyá] *pr.* second person plural. तपाई.
ख्यवा [khwá] *n.* sauce. झोल.
ख्येमु [khyému] *adj.* cheap. सस्तो.
ख्योगा [khyóbo] *n.* husband. श्रीमान.
ख्योपिज्या [khyópiʒa] *n.* man. केति मान्छे.

ग्य

ग्याह [gyàa] *n.* place. ठाउं.
ग्युग्युबा ; ग्युबा [gyùguyba] *adj.* fast. छिटो.
adv. soon. चांदै.
ग्युबाराङ [gyùbaraŋ] *adv.* soon. चांदै.
ग्येलदोङ [gyèl] *v. i.* to fall over. लड्नु.

च्य

च्याह [tʃà] *n.* chicken. कुखुरो.
च्याह [tʃà] *n.* tea. चिया.
च्याह पाहकतु [tʃà pàktu] *n.* tea leaves used to make Tibetan tea, come in a brick rather than loose. चिया पत्ती.
च्याकटि [tʃákṭi] *n.* small round

mat made of straw used for sitting on. चकटी. [Source: Nepali]
च्याङ [tʃáŋ] *v. t.* to suffice. पुग्नु.
च्याह्ङ [tʃàŋ] *n.* west. पाश्चिम.
च्याह्ङ [tʃàŋ] *n.* storage basket made of thick matting. बोकरि.
च्याङ [tʃháŋ] *n.* a flock of birds. गुट.
च्याङगि [tʃáŋgi] *n.* iron tripod put into fire for cooking pots. ओधान.
च्याङबु [tʃáŋbu] *adj.* clever. चलाख.
च्याजुङमा [tʃádzuŋma] *n.* bird; Adam's apple. चरो, रुद्रघण्टि.
च्यापाल [tʃápal] *n.* sandals. चप्पल. [Source: Nepali]
च्याह्रो [tʃàro] *n.* crow. काग.
च्याल क्याह्पतोङ [tʃál kyàp] *v. i.* swim. पुरी खेल्नु.
च्यालदोङ [tʃál] *v. t.* pay. तिर्नु.
च्याह्वा [tʃàwa] *n.* manure. मल.
च्या़ [tʃáa] *adj.* iron. फलाम.
च्यि [tʃí] *q.* what. के.
च्यि अङ [tʃí àŋ] *adj.* any; anything; some; something; none; nothing. केही; केही; कुनै; केही पनि.
च्यि इनाङ [tʃí ínaŋ] *n.* कुनै कुरा.
च्यिङदोङ, पेटी [tʃíŋ] *v. t.* to wear a belt. पेटी लाउनु.
च्यिङ्ञ्यि [tʃíɲi] *num.* twelve. बार.
च्यिङ्ञ्यिबा [tʃíɲiba] *num.* twelfth. बाह्रौं.
च्यिनि [tʃíni] *n.* sugar. चिनी. [Source: Nepali]
च्यिपे [tʃípe] *q.* why. किन.
च्यिपे लाह्पना [tʃípe làpna] *conj.* because. किनभने.
च्यिमबा [tʃímba] *n.* liver. कलेजो.
च्यी [tʃíi] *num.* one. एक.
च्यीराङ [tʃíiraŋ] *adj.* alone; same; lonely; only. एकलै, जस्तो, एकान्त, मत्रै.
च्यु [tʃú] *num.* ten. दस.
च्युज्यि [tʃúdʒi] *num.* eleven. एघार.
च्युज्यिबा [tʃúdʒiba] *num.* eleventh. एघारौं.
च्युटु [tʃúṭu] *num.* sixteen. सोर.
-च्युतोङ [-tʃú] *v. d.* to cause to. हुन लग्नु.
च्युपतिन [tʃúptin] *num.* seventeen. सत्र.
च्युपदोङ [tʃúp] *v. t.* to imprison. थुन्नु.
च्युपस्यि [tʃúpʃi] *num.* fourteen. चौध.
च्युपसुम [tʃúpsum] *num.* thirteen. टायर.
च्युबा [tʃhúba] *n.* traditional Tibetan-style coat worn by men, where one sleeve is worn and the other hangs at the back. कोट्.
च्युबा [tʃúba] *num.* tenth. दसौं.
च्युरकुह [tʃúrku] *num.* nineteen. उननाइस.
च्ये [tʃé] *n.* tongue. जिब्रो.
च्येङा [tʃéŋa] *num.* fifteen. पन्ध्र.

च्येच्ये [tʃétʃe] *n.* mother's younger sister. सानी आमा.

च्येच्ये च्योमबो [tʃétʃe tʃómbo] *n.* mother's elder sister. ठुली आमा.

च्येन [tʃén] *n.* tiger; lion. बाघ, सिंह.

च्येनदि [tʃéndi] *adj.* heavy. गह्रौंगो.

च्येपक्ये [tʃépkye] *num.* eighteen. अठार.

च्येमि [tʃéemi] *adj.* small. सानो.

च्येमु कोङा [tʃèmu kòŋa] *n.* egg. अन्डा, फुल.

च्येह्मेनदो [tʃèmendo] *n.* egg. फुल, अन्डा.

च्योङ [tʃóŋ] *n.* chives. छ्यापी.

च्योङतोङ [tʃóŋ] *v. i.* to run. कुद्नु, दगुर्नु.

च्योह्तोङ [tʃò] *v. i .* to finish, used as imperative of sìn 'finish'. टुंगिनु.

च्योह्लदोङ [tʃòl] *v. t.* to do. गर्नु. [Source: Nepali]

छ्य

छ्याच्याबा [tʃhá tʃába] *adj.* broken. भाचेको.

छ्याउकि [tʃháuki] *n.* army barracks. छाउनी. [Source: Nepali]

छ्याक [tʃhák] *n. h.* hand, honorific. हात.

छ्याङ [tʃháŋ] *n.* an alcohol made from fermented grain. रक्सी.

छ्याङगेला [tʃháŋgela] *n.* drunkard. जंड्याहा.

छ्यादुङ [tʃháduŋ] *n.* blacksmith. कामी.

छ्यादोङ [tʃhá] *v. t.* to break. भाच्नु.

छ्यानदोङ [tʃhán] *v. t.* to choose. छान्नु. [Source: Nepali]

छ्यामदोङ [tʃhám] *v. t.* to dance. नाच्नु.

छ्यारे [tʃháre] *adj.* straight. सीधा.

छ्यालदा [tʃhálda] *n.* necklace. साङलो.
sér tʃhálda

छ्यालदा क्याह्पति [tʃhálda kyàpti] *adj.* bound. हात गारदिले.

छ्यिङ [tʃíŋ] *n.* urine. पिसाब्.

छ्यिदुङ तादोङ [tʃíduŋ táŋ] *v. i.* to urinate. पिसाब् फेरनु.

छ्यिपा [tʃhípa] *adj.* Hindu. हिन्दु.

छ्यिपा [tʃipa] *adj.* thin, of people. पाटालो.

छ्यु [tʃhú] *n.* water. पानी.

छ्यु [tʃhú sàŋ] *n.* larger copper urn for carrying water. पानिको गाग्रि.

छ्यु च्यारा [tʃhú tʃára] *n.* waterfall. झर्ना.

छ्युकपु [tʃhúkpu] *adj.* rich. धनी.

छ्युजे [tʃhúdze] *n.* time; hour. समय, घण्टा.

छ्युजे [tʃhúdze] *n.* watch. घडी.

छ्युदा [tʃhúda] *n.* millstone. घट्ट. See: làgor.

छ्युरपि [tʃhúrpi] *n.* cheese. छुर्पी. [Source: Nepali]

छ्ये [tʃhé] *n.* book. कितब. Syn: kítab.

छ्ये [tʃhé] *v. i. h.* eat ; drink. खानुहुन्छ.

छ्येपतोङ [tʃhép] *v. d.* to give to each other. एक अर्को दिनु.

छ्येपारे [tʃhépare] *n.* lizard. छुचुन्द्रो.

छ्येमा [tʃhémaŋ] *n.* saliva. थुक्. *tʃhémaŋ tór* to spit. *tʃhémaŋ kyàp* to spit at someone or something. *tʃhémaŋ kyúr* to spit out.

छ्येमे [tʃhéme] *n.* candle made of ghee or mustard oil used for worship. मैन बत्ति.

छये [tʃhée] *n.* grass. घाँस.

छ्यो [tʃhó] *n.* island. टापु.

छ्योदो [tʃhódo] *n.* lip. ओठ.

छ्योमबो [tʃhómbo] *adj.* big. ठूलो.

छ्योरतेन [tʃhórten] *n.* stupa. स्तुपा.

ज्य

ज्याह्गि [dʒàgi] *n.* the grits, inedible bits of rice. पिंध्ने अन्न.

ज्याह्ङगु [dʒàŋgu] *adj.* blue or green. नीलो.

ज्याह्तोङ [dʒàa] *v. d.* put. रोख्नु. See: dʒò.

ज्याह्मबाला [dʒàmbala] *n.* The god of wealth, also known as Kubur to Hindus. कुबेर.

ज्याह्मबु [dʒàmbu] *adj.* fine, small. मसिनो.

ज्याह्रा [dʒàra] *n.* snack. खाजा.

ज्यिह्पतोङ [dʒìp] *v. t.* to suck. चुस्नु.

ज्युह्दोङ [dʒù] *v. t.* to sew grain. रोप्नु.

ज्येटि [dʒèʈi] *adj.* elder. जेठो. [Source: Nepali]

ज्योदोङ [dʒò] *v. imp.* put, imperative form of the verb dʒàa. रोख्नुस.

ज़्य

ज़्या [ʒàa] *v i..* to leave. छोड्नु.

ङ्य

ङ्यि [ɲí] *num.* two. दुइ.
ङ्यिह [ɲì] *pr.* first person plural exclusive. हामी.
ङ्यि सेतोङ [ɲí tsé] *v. i.* to sleep. निन्द्र बिम्जेको.
ङ्यिकाराङ [ɲíkaraŋ] *adj.* both. दुवै.
ङ्यिज्यु [ɲídʒu] *num.* twenty. बीस.
ङ्यिहपतोङ [ɲìp] *v. t.* to swallow something. निल्नु.
ङ्यिपु [ɲípu] *num.* dual. दुइजना.
ङ्यिबा [ɲíba] *num.* second. दोस्रो.
ङ्यिहमा [ɲìma] *n.* sun; day. सुर्य, दिन.
ङ्यिहमा दुहपतोङ [ɲìma ɖùptoŋ] *n.* sunset. सूर्यास्त.
ङ्यिहमा फे [ɲìma phé] *n.* midday. मध्यान्ह.
ङ्यिमु [ɲímu] *postp.* with. -संग.
ङ्यिलोदोङ [ɲílo] *v. i.* to feel sleepy. थाक्नु.
ङ्याह [ɲà] *n.* fish. माछा.
ङ्याहाङ [ɲàlaŋ] *n.* raspberry. ऐसलु.
ङ्याहलतोङ [ɲàl] *v. i.* to lay down, or to sleep. सुत्नु.
ङ्युङ [ɲúŋ] *n.* drill. बर्मा.
ङ्योम [ɲùm] *n.* north. उत्तर.
ङ्येतोङ [ɲé] *v. d.* to pass. पार गर्नु.
ङ्येतोङ [ɲé] *v. t.* to chase. लेखदट्नु.
ङ्येन [ɲén] *n.* ally, friend or relative. मित्रा.
ङ्येहनदोङ [ɲèn] *v. t.* to listen. मन्नु.
ङ्येबुल [ɲébul] *n.* pillow. सिरानी.
ङ्येरतोङ [ɲér] *v. t.* to annoy. लख्नि.
ङ्योहदोङ [ɲò] *v. t.* to buy. किन्नु.
ङ्योकपा [ɲókpa] *adj.* dirty. फोहोर.
ङ्योङदोङ [ɲòŋ] *v. i.* to suffer hardship. दुख पाउनु.
ङ्योङबा [ɲóŋba] *n.* an insane person. पागल.

च

चादोङ [tsá] *v. t.* to play. खेल्नु.
चामबा [tsámba] *n.* flour, uncooked. पिठो. Syn: gòŋde.
चामा [tsáma] *n.* the small pot that sits in the háɖa and collects the distilled alcohol. Usually

made of clay. भाँडा हाडा भित्र रक्सी बनाउनेको लगि.

चारङि [tsárŋi] *n.* root. जरा.

चारमु [tsármu] *n.* a large, shallow basket with large holes made of woven bamboo used for storing leafy vegetables. ठूलो सम्म चिपछिपे डोको. [see image below, तल तसबिर हेर्नुस]

चाह् [tsà] *n.* vein. नसा.

चाला [tsáala] *postp.* below. तल.

चिक चिबा [tsík tsíba] *n.* mole. छुचुन्द्रो.

चिकपा [tsíkpa] *n.* wall. पर्खाल.

चिमटा [tsímṭa] *n.* tongs. चिम्टा. See: kémba. [Source: Nepali]

चिमा [tsíma] *n.* ribs. करङ.

चिरतोँङ [tsír] *v. t.* to squeeze. निचर्नु.

चीकपा [tsókpu] *adj.* stupid. मूर्खा.

चुकुल [tsúkul] *n.* latch. चुक्कुल. [Source: Nepali]

चुङबे [tsúŋbe] *n.* mouse; rat. मुसो, मुसो.

चुबु [tsúbu] *adj.* good or nice. रामाइलो.

चुमदोँङ [tsúm] *v. t.* to close. बन्द गर्नु.

चेहतरे [tsètre] *n.* bird. बगेर.

चेमदोँङ [tsém] *v. t.* to sew cloth. सिलाउनु.
tsémgandi tailor. दमाइ.

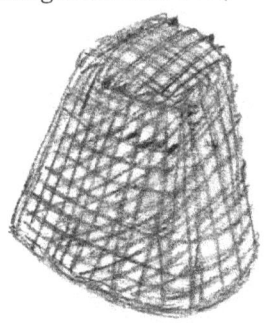

चेमा [tséma] *n.* a curry made of vegetables; vegetable. तरकारी, तरकारी.

चेमे [tséme] *n.* game. खेल.

चेलबा [tsélba] *n.* a large conical basket loosely woven for carrying and transporting things. टोकरी. [see image above, तल तसबिर हेर्नुस]

चेमा [tséema] *n.* leafy greens. सागपात.

चोहङदोँङ [tsòŋ] *v. t.* to sell. बेच्नु.

चोप [tsóp] *n.* pickle. अचार.

चोहरा [tsòra] *n.* a hand hoe. खुर्पी.

Lamjung Yolmo-English- Nepali Dictionary 15

छ

छा [tshá] *n.* salt. नून.

छाउ [tsháw] *n.* grandson; a nephew, who is the person's brother's son. नाति, जाति.

छाकपालिङ [tshákpaliŋ] *n.* insect. पतन्ग्र.

छापरे [tshápré] *adj.* salty. नुनिलो.

छापा [tshápa] *adj.* hot. घरि. *tshápa dàwa* hot months, February to April.

छामु [tshámu] *n.* granddaughter; a niece, being a person's brother's daughter. नातिनी, भतिजी.

छारक्या [tshárkya] *n.* vulture. गिद्ध.

छालदोङ [tshál] *v. t.* to choke. सास रोकिनु.

छावा [tsháwa] *n.* fever. जरो.

छिदोङ [tshí] *v. i.* to burn with something hot. जल्नु.

छीङगोर [tshíiŋgor] *n.* knee. घुँडा.

छुर [tshúr] *postp.* side, this. वारी.

छुरपे [tshúrpe] *adv.* this way. त्योस्तो.

छुहरु [tʃùru] *n.* a long necklace made of round coral beads. माला.

छे [tshé] *n.* colour. रगं.

छेछेबे [tshétshébe] *adj.* ripe. पाकेको.

छेरतोङ [tshér] *v. i.* to be sad. उदास.

छेरसि [tshérsi] *adj.* lazy. आल्छी.

छोप [tshóp] *n.* food offered during religious event. प्रसाद.

छोलदोङ [tshól] *v. t.* to search. खोज्नु.

छोलम [tshólam] *n.* top of the head, where the hair parts. सिउँदो.

ज

जाहगेङम [dzàge] *n.* pants. पाइन्ट.

जाहङमु [dzàngmu] *n.* vagina. योनि.

जाहति [dzàti] *n.* group. समुह. [Source: Nepali]

जाहतोङ [dzà] *v. i.* to climb up. उक्लनु.

जाबेरज्यासति [dzáberdʒasti] *n.* force. जब्बरजस्त. [Source: Nepali]

जाहम्मा alt. टाहम्माराङ [dzàmma] *adj.* all. जम्मा.

16 Lamjung Yolmo-English- Nepali Dictionary

जिह्ङ्बा [dzìŋba] *n.* neck. गर्दन.
जिह्तोङ [dzì] *v. i.* to fear. डराउनु.
जिह्बा [dzìba; dzìba] *adj.* afraid. डर.
जुह्बु [dzùbu] *n.* body. जीउ.
जुह्मदोङ [dzùm] *v. t.* to take, often forcefully. पक्रनु.
जेह्बु [dzèbu] *adj.* beautiful. सुन्दर.
जेह्वा [dzèwa] *adj.* lame. खोरण्डो.
जोह् तेमु [dzò tèmu] *adj.* easy. सजिलो.
जोह्रतोङ [dzòr] *v. t.* to get. पाउनु.

ज़

ज़िह्तोङ [zì] *v. i.* to get drunk. मात्नु.
ज़ोह्दोङ [zò] *v. t.* to make. बनाउनु.

ट

टा [ʈá] *n.* hair on the head. कपाल.
टाह् [ʈà] *n.* enemy. शत्रु.
टाह् [ʈà] *n.* pheasant. कालिज.
टाह्तोङ [ʈà] *v. t.* to bind. बन्ध्नु.
टाङ्गा [ʈáŋga] *adj.* flat. सम्म.
टाङ्दोङ [ʈáŋ] *v. i.* to swell. सुनिनु.
टाह्ङ्माराङ [ʈàŋmaraŋ] Variant: ʈàŋseraŋ; ʈàŋse. *adj.* every. हारेक.
टाह्ङ्मु [ʈàŋmu] *adj.* cold. चिसो.
टाङ्ा [ʈáŋa] *n.* money. पैसा. Syn: ɖèba.
टाज़्याङ [ʈáʒaŋ] *n.* tent. पाल.
टाटे [ʈáʈe] *n.* scar. खथ.
टापदोङ [ʈáp] *v. t.* to winnow. निफान्नु.
टाह्बा [ʈàba] *n.* a Buddhist monk. भिछु.
टाह्बु [ʈàbu] *n.* horse. घोडा.
टालति [ʈálti] *v. t.* to patch. टल्नु. [Source: Nepali]
टाह्लु [ʈàlu] *adj.* dirty. फोहोर.
टास्यि देले [ʈáʃi dèle] *excl.* greetings. नमस्ते.
ट्राह्तोङ [ʈàa] *v. i.* to study, not commonly used. पढ्नु.
ट्राह्तोङ [ʈàa] *v. i.* to recover. निको हुनु.
टिह्दोङ [ʈì] *v. t.* to pull along. तान्नु.
टिका [ʈíka] *n.* tika, a blessing given by placing a tika on the forehead. टिका.
tíka kyàptoŋ put a tika on somebody.

टिङबुर [ṭíŋbur] *n.* a boil. पिलो.

टिह्पसा [ṭìpsa] *n.* a shadow. छाया.

टिह्मा [ṭìma] *n.* aroma or smell. सुँघ्ना.

टिह्मा नामदोङ [ṭìma nám] *v. t.* to smell. सुँघ्नु.

टिलबु [ṭìlbu] *n.* a small prayer bell. घन्टि.

टिह्लेराङ [ṭìle] *postp.* like. जस्तो.

टीह्दोङ [ṭìi] *v. t.* to ask. सोद्नु.

टुह् [ṭù] *num.* six. छ.

टुह्कच्यु [ṭùktʃu] *num.* sixty. साठी.

टुकतोङ [ṭúk] *v. t.* to gather. काद्नु.

टुह्कपा [ṭùkpa] *num.* sixth. छैटौं.

टुङ [ṭúŋ] *n.* button. टाँक.

टुप काह्ला [ṭùp kàla] *adj.* joyfully, with pleasure. आनान्दाले.

टुलदोङ [ṭùl] *v. t.* to rub in. दल्नु. Syn: múr ; kú.

टूदोङ [ṭúu] *v. t.* to pick, to pick up. उधिन्नु.

टेह् [ṭè] *n.* advice. सल्लाह. *ṭè pèdoŋ* give advice. सल्लाह गर्नु.

टेह्मबा च्येह्दोङ [ṭèmba tʃè] *v. t.* to forget. भुल्नु.

टोह्दोङ [ṭò] *v. t.* to read; to study. पढ्नु, पढ्नु.

टोह् [ṭò] *n.* wheat. गहुँ.

गोह् चामपा [ṭò tsámpa] *n.* wholemeal wheat flour. आत्ता.

टोह्मबो [ṭòmbo] *adj.* warm. तातो.

टोकारि [ṭókari] *n.* large basket made of bamboo. टोकरी. [Source: Nepali]

टोह्माङ [ṭòmaŋ] *n.* ant. कमिला.

टोह्ल [ṭòlkar] *n.* the goddess known as Green Tara in Hindu culture. हरियो तारा.

टोह्लमा [ṭòlma] *n.* the goddess known as White Tara in Hindu culture. सेतो तारा.

टोह्सा [ṭòsa] *n.* school. बिद्यालय.

ठ

ठादोक [ṭhádok] *adj.* jealous. इर्स्यलु.

ठावा [ṭháwa] *n.* eagle. चील.

ठावा [ṭháwa] Variant: ṭhwá. *n.* mallet. मुडग्रो.

ठा [ṭháa] *n.* blood. रगत.

ठिबा [ṭhíba] *n.* bile. पित्त.

ठु [ṭhú] *n.* ruler. फुट.

ठुकपा [ṭhúkpa] *n.* quarrel. बझ्नु.

ठुदोङ [ṭhú] *v. t.* to wash. धुनु.

ड

डाहङग [ḍàŋa] *adv.* manner. आकार, डङ्ग. [Source: Nepali]

डाहमबा [ḍàmba] *n.* cheek. गाला.

डाहलो [ḍàlo] *adj.* spherical. डल्लो; गोलाकार.

डीहतोङ [ḍìi] *v. i.* to match; to fit; to go together. मिल्नु, मिलाउनु.

डीबु [ḍìibu] *adj.* some one or some thing that is agreeable or compatible. मिलस्सार.

डुह [ḍù] *n.* grain. अन्न.

डुहक [ḍùk] *n.* dragon. प्वाँखे सरप.

डेहडे [ḍèḍe] *n.* insect. गुह किरा.

डेहबा [ḍèba] *n.* money. पैसा. See: ṭáŋa.

डोहदोङ [ḍò] *v. i.* to go. जानु. For imperfective form see: kàl.

डोहमबो [ḍòmbo] *n.* guest. पाहुना.

त

ताह [tà] *part.* an emphatic marker. त. [Source: Nepali]

ताङदोङ [táŋ] *v. t.* to send. पठाउनु.

ताङदोङ [táŋ] *v. t.* to throw, to scatter. छर्नु.

ताहङदोङ [tàŋ] *v. t.* to count. गन्नु.

ताहङदोङ [tàŋ] *v. i.* to open. खोलनु.

ताङगु [táŋgu] *n.* rhododendron. गुराँस.

ताङज्युह [táŋdʒu] *n.* a traditional shirt worn by men under their tʃhúba. कमिज.

ताङलिमु चेमा [táŋlimu tséema] *n.* green leafy vegetables, similar to tègini tséema but grown in a garden. हरियो साग.

ताहज़्यि [tàʒi] *adv.* before. अघि.

ताहज़े [tàze] *adv.* now. अहिले.

तादोङ [tá] *v. i.* to look. हेर्नु. *v.t.* to watch. हेर्नु.

ताहपतोङ [táp] *v. t.* to scatter. छर्नु.

ताहपदोङ [tàp] *v. i.* to fall, animate objects falling from an abject. खस्नु.

ताहपसे [tàpse] *adv.* now. अहिले.

ताम [tám] *n.* language; word. भाषा, कुरा.

ताम स्येकतोङ [tám ʃék] *v. i.* gossip. गफ गर्नु.

ताहमदोङ [tàm] *v. t.* to tie, bind or weave. बाँध्नु, दालो बुन्नु.

तामबे [támbe] *n.* story. कथा.

तामया पेहदोङ [támya pè] *v. i.* to converse. कुरा गार्नु. See: tám. *támya làp* converse.

तारि [tári] *n.* axe. बन्चरो.

ताहरा [tàra] *n.* buttermilk. मही.

ताहलदा [tàlda] *postp.* later. भरे.

तादोङ [táa] *v. t.* to wear jewellery or glasses. जुहारि लाउनु.

ताह [tàa] *adv.* now. अब.

तिह रुङबु [tì rùŋbu] *adj.* deep. गहिरो.

तिकिस [tíkis] *n.* a back apron, a traditional item of clothing, worn by married women. पोहगंगेप.

तिङगि [tíŋgi] *adj.* next. अर्को.

तिङदोङ [tíŋ] *v. i.* to spread something like a cloth. सहमत गर्नु.

तिङबा, काङबा [tíŋba] *n.* foot. खुट्टा

तिङला [tíŋla] *postp.* after. पिछ, पछाडि.

तिहङाल [tìŋal] *adj.* be sad, worried or upset. दुखी, पीर.

तिहन [tìn] *num.* seven. सात.

तिहनज्यु [tìndʒu] *num.* seventy. सत्री.

तिहनडा [tìnḍa] *n.* week. हप्ता.

तिहनबा [tìnba] *num.* seventh. सातौं.

तिपामा [típáama] *n.* bee. मौरी. Syn: tíi.

तिहपा [tìpa] *n.* smoke. धुवाँ.

तिबिच्यि [tíbitʃi] *adj.* few. अलि अलि, थोरै, केही.

तिबिरेरे [tíbirere] *adj.* some. अलि कति.

तिया [tíya] *n.* navel. नाइटो.

तिहरिङ [tìriŋ] *n.* today. आज.

तिल [tíl] *n.* sesame. तील.

तिस्याल क्याहपतोङ [tíʃal kyàp] *v. t.* to drag. घिस्नु.

तीहदोङ [tìi] *v. i.* to burn. बल्नु.

तीप [tíip] *n.* a bee. मौरी. Syn: típáama.

तीप चाङ [tíip tsháŋ] *n.* beehive. माहुरिको चाका.

तु [tú] *n.* vagina. योनि.

तुहपु [tùkpu] *n.* suffering and hardship. दुखि.

तेहगिनि छेमा [tègini tséema] *n.* green leafy vegetable, not grown but found in the forests. निउराती तकारि.

तुहङदा [tùŋda] *n.* a hit. पिट्ने.

तुहङदोङ [tùŋ] *v. t.* to hit; to thresh. पिट्नु, पिट्नु.

तुङबो जुक [túŋbo dzùk] *adj.* ancient. प्राचीन.

तुपतोङ [túp] *v. t.* to cut. काट्नु.

तेहतोङ [tè] *v. i.* to sit; to reside; auxiliary verb used to give imperfective aspect. बस्नु, बस्नु.

तेनदोङ [tén] *v. t.* to show. देखाउनु.

तेनदोङ [tén] *v. t.* to pull something out. कस्नु, तान्नु.

तेहनदोङ [tèn] *v. i.* to go out. निस्कनु.

तेनमु [ténmu] *n.* a show or display. रमिता.

तेफुला [téphula] *dem.* there. थाहाँ.

तेबा [téba] *n.* ladder. भर्याङ.

तेमबा [témba] *adj.* correct; right.

ठिक, ठिक.

तेह्मबा साह्लतोङ [tèmba sàl] *v. i.* to remember. संझनु.

तेमु [tému] *n.* a religious festival. जात्रा.

तेरतोङ [tér] *v. d.* to give. दिनु.

तेह्रमा [tèrma] *n.* plate. थाल, रिकापी.

तो [tó] *n.* cooked rice. भात.

तोह् [tò] *n.* stone. ढुंगा.

तोका [tóka] *n.* the toggle that does up a tóko. तोलोको टाँक. See: tóko.

तोको [tóko] *n.* a shirt in the Nepali style. चोलो. See: tóka.

तोह्कपा [tòkpa] *n.* upper part of foot. खुट्टा. See: tòkpagi kyàp.

तोह्कपागि क्याह्पतोङ [tòkpagi kyàp] *v. t.* kick. लात् हान्नु. See: tòkpa.

तोह्ङबा [tòŋba] *adj.* empty. खाली.

तोह्ङबा [tòŋba] *n.* face. चेर.

तोह्ङबु [tòŋbu] *adj.* narrow. साँगुरो.

तोह्ङबो [tòŋbo] *n.* tree. रुख.

तोह्ङबो [tòŋbo] *num.* first. पहिलो.

तोह्ङला [tòŋla] *postp.* before. अगाडि.

तोह्च्ये [tòtʃe] *n.* a traditional Tibetan blouse worn by women. कमिज. Syn: òndʒu.

तोह्म [tòm] *n.* bear. भालु.

तोरमा [tórma] *n.* a small statue made of rice and offered to the gods. Unpainted ones last one day and are eaten, those painted red are kept for three days and not eaten. लामा पीठो मूर्ति. [see image below, माथि तसबिर हेर्नुस]

तोह्रियाङ [tòriyaŋ] *n.* cucumber. काँक्रो.

तोरयाङ [tóryaŋ] *n.* sponge gourd. घिरौंले.

तोलबो [tòlbo] *n.* hole. प्वाल.

तोह् [tòo] *postp.* indication a distance that is far but still visible. त्यहाँ.

तोह्दोङ [tòo] *v. t.* to put down. दबाउनु.

तोज़्यि [toóʒi] *n.* a hoe. कुटो.

तोदि [tóodi] *dem.* this, that. यो, त्यो.

तोह्दि [tòodi] *dem.* a distant, but still visible item. त्यो.

तोबा [tóoba] *adj.* hungry. भोक लाग्नु.

थ

था रिङ्बु [thá ríŋbu] *adj.* far. टाढा.

थाकपा [thákpa] *n.* rope. देरी.

थाङ छ्ये [tháŋ tʃhé] *adj.* tired. थकाइ.

थाङ सालतोङ [tháŋ sál] *v. i.* to rest. आराम लिनु.

थाङ्कु [tháŋku] *n.* a thangka, a religious image. थाङ्का.

थाङ्नाङ [tháŋnaŋ] *adj.* ragged and worn. फाटेको.

थाल [thál] *class.* numeral classifier, used only for emphasis of number. Used for people or objects. -वटा.

थाला राङ [thála ráŋ] *adj.* brown. खैरो.

थालबि [thálbi] *n.* dirt. धुलो.

थाला [thála] *n.* second. सेकेण्ड.

थाला [thála] *n.* dust. धूलो.

थिङ्बु [thíŋbu] Variant: thíŋ. *adj.* dark, of colour. गारि.

थिदोङ [thí] *v. t.* to join. गॉस्नु.

थीबरि [thíbri] *n.* kettle. किटली.

थुकपा [thúkpa] *n.* a thick porridge made from rice or ground millet. थुक्पा.

थुकपु [thúkpu] *adj.* thick. बाक्लो.

थुङ्दोङ [thúŋ] *v. t.* to drink. पिउनु.

थुच्ये छये [thútʃe tʃhée] *excl.* thank you. धन्यवाद.

थुदोङ [thú] *v. t.* to meet. भेट्नु.

थेका [théka] *adj.* straight. सीधा.

थेतोङ [thé] *v. i.* to hear. सुन्नु.

थेनतोङ [thén] *v. i.* to go out. निकस गर्नु.

थेनतोङ [thén] *v. t.* to stretch something. पसार्नु.

थेरे [thére] *n.* a cloth used for sealing pots while making raksi. वस्त्र बन्द गर्नेको लागि.

थेमि [théemi] *adj.* short. छोटो.

थेमु [théemu] *adj.* shallow. चिपछिपे.

थोङ [thóŋ] *n.* plough. हालो.

थोङ्दोङ [thóŋ] *v. t.* to see. देख्नु.

थोङ्दोङ [thóŋ] *v. t.* to be seen. देखिनु.

थोदोङ [thó] *v. t.* to cradle. दुइटा हातमा झोल्याउनु.

थोमबो [thómbo] *adj.* high, or tall. अग्लो.

थोला [thóla] *postp.* above. माथि.

थोदोङ [thóo] *v. t.* to take. लिनु.

द

दाह् [dà] *n.* bow and arrow. घनुष र बाण, बाण र घनुष.

दाह्कला [dàkla] *n.* raisin. दाख.
दाग [dàg] *n.* base of a tree, used only for trees. पिँध.
दाह्गारमु [dàgarmu] *n.* moon. चन्द्रमा.
दाह्ङ [dàŋ] *n.* yesterday. हिजो.
दाह्ङ तेह्रिङ [dàŋ tèriŋ] *adv.* nowadays. हिजोआज, आजबोले.
दाह्ङदोङ [dàŋ] *v. t.* to have enough of something. पुग्नु.
दाह्ज़्ये [dàʒe] *adj.* many. धेरै.
दाह्ज़ा [dàza] *n.* strips of cloth in the the five colours used in prayer. कपडा मानेको लगि.
दापा [dàpa] *n.* parcel. पुलिन्दा. [Source: possibly Nepali]
दाह्मदोङ [dàm] *v. t.* to choose. छान्नु.
दाह्रि [dàri] *n.* carpet. दरी. [Source: Nepali]
दाह्र [dàr] *n.* a wick for butter candles, made by twisting fibers clockwise. बत्ति.
दाह्ला [dàla] *dem.* here. यहाँ.
दाह्लो [dàlo] *n.* basket. दालो.

[Source: Nepali] [see image above, मथि तसबिर हेर्नुस]
दाह्वा [dàwa] *n.* month. महिना.
दाह्साइन मेह्नदो [dàsain mèndo] *n.* marigold. सयपत्रि फुल. See: mèndo. [Source: *dàsain* Nepali and *mèndo* Yolmo]
दाह्दोङ [dàa] *v. t.* to lick. चाट्नु.
दाह्लु [dàalu] *n.* an earth worm. गँड्यौलो.
दिह् [dì] *dem.* this; the third singular pronoun, used for inanimate objects, animals and human referents in narratives that have already been introduced. यो, यो.
दिउ [dìw] *n.* a traditional bracelet, if made of gold then called a sérdìw. बाला. *sérdìw* gold bracelet.
दिनला [dìnla] *postp.* in front of something. अगाडि.
दुह् [dù] *v. cop.* the copular used something is new to the speaker. The use of the emphatic marker creates a meaning best defined as 'surprise'. हो; छ.
दुह्प [dùp] *n.* incense. धुप.
देह्ज़े [dèze] *conj.* if. भने.
देह्नडा [dènḍa] *adv.* to do something in this way. यो जस्तै.
देह्नमु [dènmu] *adv.* this way, like this. योस्तो.
देह्लेगि [dèlegi] *conj.* from there.

त्यहाँबाट.

देह्स्य [dèʃ] *n.* country. देश. [Source: Nepali]

देक [dèk] *n.* coin. सिक्का.

देह्दोङ [dèe] *v. t.* to touch. छुनु.

दोह्गान [dógan] *n.* shop. पसल. [Source: Nepali, Gurung]

दोह्प [dòp] *n.* bushland. झाडी.

दोह्रज्ये [dòrdʒe] *n.* a dorge, a religious item. दोर्जे.

न

ना [ná] *part.* also; too; as well; 'what about...'. पनि.

नाह्दोङ [nà] *v. i.* to be sore or ill. बिरामी जुनु.

ना चुसे [ná tsùse] *adj.* dark. अध्यारो.

नाह्कपु [nàkpu] *adj.* black. कालो.

नाह्ङ दिह्ना [nàŋ dìna] *n.* the day after tomorrow. पर्सि.

नाङगानदि [náŋgandi] *n.* beggar. माग्ने.

नाङगो [náŋgo] *adj.* naked. नाङ्गो. [Source: Nepali]

नाङदोङ [náŋ] *v. d.* to ask for something, polite form. माग्नु.

नाङदोङ [náŋ] *v. d.* to give, polite form used in requests. दिनु.

नाह्ङबार [nàŋbar] *n.* tomorrow. भोलि.

नाङमा [náŋma] *n.* Buddhist. बौद्ध.

नाह्ङमा [nàŋma] *n.* the inner layer of a basket. दालोको बित्रा.

नाह्ङला [nàŋla] *postp.* inside; among. भित्र, मध्य.

नाह्दि [nàdi] *adj.* ill or sick. बिरामी.

नाह्निङ [nàniŋ] *n.* last year. अगाडि वर्षा.

नापस्याल [nápʃal] *n.* snot, or nasal mucus. सिँगान.

नम क्याप [nám kyàp] *n.* rain. पानी पार्नु.

नम तिङ [nám tíŋ] *n.* sky. आकाश.

नाह्म [nàm] *q.* when. कहिले.

नाम था [nám thá] *n.* thunder, lightening. चट्याङ.

नाह्म सुमु [nàm súmu] *adj.* early. सवेरै.

नाम सेदोङ [nám sé] *v.i.* to darken, of the sky. अन्धकार आउनु.

नामजो [námdzo] *n.* ear. कान.

नामदा [námda] *adj.* dirty. फोहोर.

नामलि [námli] *n.* headstrap. नामलो. [Source: Nepali]

नामसाङ [námsaŋ] *n.* a thought. विचार.

नामसाङ ताङदोङ [námsaŋ táŋ] *v. t.* to think about things. सोच्नु.

नामा [náma] *n.* brother's wife; son's wife. भाउज्यु, वहरी, बुहरी.

नाह्माङ [nàmaŋ] *adv.* never. कहिले पनि.

नारिवाल [náriwal] *n.* coconut. नरिवल. [Source: Nepali]

नासुम [náasum] *n.* nose. नाक.

नासो [náaso] *n.* a gift. उपहार.

नि [ní] *part.* adds politeness to the utterance. न.

निङ [níŋ] *n.* heart. मुटु.

निङछ्या [níŋtʃa] *n.* "poor thing!" Used as an exclamation. बिचरा.

निङबा [níŋba] *adj.* old. पुरानो.

निमाबा [nímaba] *n.* a large, sour citrus. निम्बुवा.

नुङछ्या [núŋtʃa] *n.* an idea. बिचार.

नुम [núm] *n.* oil. तेल.

नुह्रपु [nùrpu] *n.* diamond. हीर.

नुह्रमा [nùrma] *n.* a type of alcoholic drink. रक्सी.

नेकि [néki] *n.* a smaller cooking pot, often made of bronze. भाँडो.

नेह्नतोङ [nèn] *v. i.* to sing. गाउनु.

नेह्पा [nèpa] *n.* sick person; sore. बिरामी मन्छे, काष्टजनक.

नेमदोङ [ném] *v. t.* to squeeze. थिच्नु.

ने [née] *n.* oats. जाऊ.

ने कोर [née kór] *n.* pilgrimage. तीथयात्रा.

नेदोङ [née] *v. t.* to think. मन्मा सोच्नु.

नेनदि [néendi] *adj.* hurt. घाइते.

नेसा [néesa] *n.* a resting place near a road. चौतारा.

नोह्ङदोङ [nòŋ] *v. t.* to spoil. बिग्रनु.

नोमबो [nómbo] *adj.* sharp. तीखो, धारिलो.

नोह्मो [nòmo] *n.* younger sister. बहिनी.

नोह्रगुनमा [nòrgunma] *n.* the Hindu goddess Laxmi, as worshiped by some Yolmo people. लक्ष्मी.

नोह [nòo] *n.* younger brother. भाइ.

प

पटप [páṭap] *n.* bamboo, large. बाँस.

पटि [páṭi] *n.* side. पट्टि.

पह्लङ [pàlaŋ] *n.* cow. गाई.

पाह्क [pàk] *n.* dumpling. चाम्पा.

पाकपा [pàkpa] *n.* motorbike. मोटर साइकल.

पाकपुर [pàkpur] *n.* metal pot used to serve tsámba. चाम्बाको भाँडा. See: tsámba.

पाह्कपे चामबा [pàkpe tsámba] *n.* wheat flour. आंठा.

पाह्का [pàka] *adj.* married. पाक्का. [Source: Nepali]

पाङ्गेप [páŋgep] Variant: páŋdeŋ. *n.* a traditional apron, worn by married women. पोह्गंगेप.

पाङ्जा [páŋdza] *n.* grassy field. भाँसको बारि.

पाह्ङ्पाङ्बा [pàŋpaŋba] *adj.* wet. भिजेको.

पाटुका [pátuka] *n.* a belt worn by men over their tʃhúba. पेटी. [Source: Nepali]

पादि काह्ङ [pádi kàŋ] *num.* one thousand. हजार. [Source: Nepali]

पादि च्यु [pádi tʃú] *num.* ten thousand. दस हजार. [Source: pádi Nepali and tʃú Yolmo]

पानबु [pánbu] *n.* the rim of a basket. दालोको बिट.

पानि बुह् [pánima bù] *n.* dragonfly. गाइने कीरो. [Source: source of first word is probably Nepali - panima is lit. 'water-on']

पाबा [pába] *n.* tree bark. बोक्रा.

पाह्रकिला [pàrkila] *postp.* between. बिचमा.

पारतोङ [pár] *v. t.* to light a candle. बल्नु.

पारा कुना [pára kúna] *n.* cave. गुफा.

पालि [páli] *n.* roof. छत, छानी.

पाह्लबा [pàlba] *n.* frog. भ्यागुतो.

पालाङ चेमा [páluŋ tséma] *n.* spinach. पलुन्गो.

पासागि छेमा [pásagi tséma] *n.* mustard greens. रायको सग.

पाह्तोङ [pàa] *v. t.* to hold. थाप्नु.

पाह्मा [pàama] *n.* wedding. बिहा.

पालो [páalo] *n.* a turn. पालो. [Source: Nepali]

पि [pí] *v. t.* to take off. फुकाल्नु.

पिह्च्या [pìtʃa] *conj.* or ; again. कि.

पिह्ज़्या [pìʒa] *n.* baby; child. बच्चा, केटाकेटी.

पिटुलि [pítuli] *n.* bird. चरो.

पिचु [pítsu] *postp.* downhill. तलतिर.

पिह्तीरी [pìtiri] *n.* porcupine. दुम्सी.

पिरका [pírka] *n.* stool. पिर्का. [Source: Nepali]

पिरमा [pírma] *n.* semolina. सुजि.

पराल [páral] *n.* straw. पराल. [Source: Nepali]

पिह्रु [pìru] *n.* coral, or a necklace made of coral. रातो माला.

पिह्रु [pìru] *adj.* small. सानो.

पिह्रु यु [pìru yú] *n.* a necklace worn for a wedding, made of turquoise and coral. बिहा माला.

पु [pú] *n.* body hair. रौ.

पुह् [pù] *n.* son. छोरा.

पुह्ङ्गा [pùŋga] *n.* mustard. तोरी.

पुह्ङ्गु [pùŋgu] *n.* donkey. गधा.

पुजि [pùzi] *n.* a wooden tumbler with lid specifically for raksi. काठको कचौरा रक्सीको लगि.
[see image above, माथि तसबिर हेर्नुस]
पुज़ापाट [pùzapaṭ] *n.* worship. पूजा. [Source: Nepali]
पुङ्दोङ [púŋ] *v. t.* pour. खन्याउनु.
पुह्मबा [pùmba] *n.* a metal jug with a thin spout. कलश.
पे [pé] *n.* incense. धुप. See: ʃùkpa.
पेह्दोङ [pè] *v. t.* to do. गर्नु.
पे बुर [pé bùr] *n.* censer. घुपौरो.
पेपे [pépé] *n.* leech. जुका.
पेमपिज़्या [pèmpiʒa] *n.* woman. महिला.
पे [pèe] *n.* Tibet, more specifically, Lhasa. तिबोत.
पेह्मि [pèemi] *n.* wife. स्वास्नी, श्रीमती.
पोह्दोङ [pò] *v. i.* to come out. उखलिनु.
पोङ [póŋ] *n.* jar. सुराही.
पोङदि [póŋdi] *n.* mosquito. लामखुट्टे.
पोह्चि [pòtsi] *n.* gills. माछाको सास सास फेरने अंग.
पोतरिका [pótrika] *n.* magazine. पत्रिका. [Source: Nepali]
पोह्मबो [pòmbo] *n.* shaman. झाँक्री.
पोह्मो [pòmo] *n.* daughter. छोरि.
पोह्रचा [pòrtsa] *n.* bamboo matting. बाँसको सुकुल.
पोह्रतोङ [pòr] *v. i.* leave. छोड्नु.
पोलदुम [póldum] *n.* pants. पाइन्ट.
पोला [póla] *n.* rice husks, chaff. मुस, दुश्टो.
पोह्ला [pòla] *postp.* near. नजिक, निर.
पोनि [pòoni] *n.* a small conical pot made of bronze for making spirits. सानो शंकु भाँडा रक्सी बनाउनेको लगि.
पयाङदोङ [pyáŋ] *v. t.* to hang something. झोलिाउनु.
पयाक [pyàk] *n.* parcel. पुलिन्दा. [Source: English]
परिव [príw] *n.* a smaller monkey with a black face. बाँदर.
पराहङ [pràŋ] *n.* molasses, or any sweet sticky substance from trees; honey. खुदो, मह.
पराहङगो [pràŋbu] *n.* chest. स्तन.
पराहङज्या [pràŋdʒa] *n.* a hug. अङ्गालो.
pràŋdʒa táp to hug.

पराङ्बु [práŋbu] *adj.* poor. गरिब.
प्राहृङ्माङ [pràŋmaŋ] *n.* fly. झिङ्गो.
परुहृदोङ [prù] *v. i.* to write. लेख्नु.
परुहृल [prùl] *n.* snake. सर्प.
परुलतोङ [prùp] *v. i.* to fall down, inanimate objects falling from a height. झर्नु.
परेका [prèka] *n.* a stick. लौरो.
परेकेन [préken] *n.* a larger monkey, with a white face. बाँदर.
परेहृ ताहृदोङ [prèe tà] *v. t.* to taste. चख्नु.
परोहृदोङ [prò] *v. i.* to fall out. गिर्नु.

फ

फा [phá] *n.* pig. बंगुर.
फाङ्दोङ [pháŋ] *v. t.* to hold in one's arms. दुइटा हातमा झोल्याउनु.
फाङ्बा [pháŋba] *adj.* crossed arms or lap. अङ्गालो.
फाप [pháp] *n.* yeast for brewing. खम्बिर. [see image below, तल तसबिर हेर्नुस]

फापतोङ [pháp] *v. i.* to come down ; fall. उत्रिनु, झाल्नु, झारनु.
फाबाङ [phábaŋ] *n.* bat. चमेरो.
फार [phár] *postp.* that side, over there. उता.
फारकोनला [phárkonla; phákonla] *postp.* across. पारि.
फारछुर [phártshúr] *adv.* this way and that way. वारपार.
फारपे [phárpe] *postp.* that way. योस्तो.
फारसि [phársi] *n.* pumpkin. फर्सी. [Source: Nepali]
फारा [phára] *n.* wolf. ब्वाँसो.
फालगि [phálgi] *n.* beaten rice. चिउरा.
फालफुल [phálphul] *n.* fruit. फलफुल. Syn: ʃíŋḓo. [Source: Nepali]
फास [phás] *n.* trap. फास्नु. [Source: Nepali]
फिमलि [phímli] *n.* butterfly. पुतली.
फिमा [phíma] *n.* the outer basket in a double layered basket. दालोको बाहिर.
फिरतोङ [phír] *v. i.* to jump. उफ्रनु.
फिला [phíla] *postp.* outside ;

external. बाहिर.

फुदोङ [phú] *v. i.* to blow. फुक्नु.

फुमबा [phúmba] *n.* a large clay jug. घ्याम्पो.

फुमबु [phúmbu] *n.* corpse more respectful than rò. मरेको मान्छे. Syn: rò.

फुल[phúl] *v. t.* to push. घचेट्नु.

फे [phé] *adj.* half. आधा.

फेपतोङ [phép] *v. i. h.* to come, honorific. आउनुहुन्छ.

फेबे [phéebe] *pr.* group of men. समुदाय.

फो [phò] *n.* belly. पेट.

फोदोङ [phóo] *v. i.* to feel; to be hit by an object. लाग्नु, कुट्नु.

फोस्योप [phóoʃop] *n.* soap. साबुन.

फ्यादोङ [phyá] *v. t.* to wipe something. पुछ्नु

फयामा [phyáma] *n.* broom. कुचो. [see image left, माथि तसबिर हेर्नुस]

फरोदोङ [phró] *v. t.* to snatch. खोस्नु.

ब

बाहरतोङ [bàr] *v. t.* burn. बल्नु.

बाहरि [bàri] *n.* garden. बारी. [Source: Nepali]

बाहरबारि मोनदो [bàrbari mèndo] *n.* mint. बाबरी. [Source: bàrbari Nepali]

बाहर तोहङबो [bàr tòŋbo] *n.* a banyan tree. बरको रुख. [Source: Nepali]

बाहल्नि [bàltiŋ] *n.* bucket. बाल्टिन. [Source: Nepali]

बाहनदा [bànda] *n.* cabbage. बन्दाकोबी. [Source: Nepali]

बाहल [bàl] *n.* force. बल. [Source: Nepali]

बाहखाल [bàakhal] *n.* group. जुट. [Source: Nepali]

बाहमेन [bàamen] *n.* Brahmin. बाहुन. [Source: Nepali]

बिहलिङ [bìliŋ] *n.* cockroach. सङ्लो.

बिहहा [bìha] *n.* wedding. बिहा. [Source: Nepali]

बिगहता [bìta] *n.* wall. भित्ता. [Source: Nepali]

बुह [bù] *n.* insect; worm. किरो, किरो.

बुह सिहकपा [bù sìkpa] *n.* caterpillar. जुहसेली.

बुदि [bùdi] *n.* a seed or bean. गेडा.

बुबरो [bùbro] *n.* coals. कोइला.

बेहनद [bènda] *n.* eggplant. भेन्टा.

[Source: Nepali]
बेहलाला [bèlala] *adv.* at the time, not commonly used. बेला.
बेहसारी [bèsari] *adv.* very. बेसरी. [Source: Nepali]
बॊहकतॊ [bòkto] *adj.* dull, of knives, and tools. नधारिलो.
बॊहङ्ना [bòŋna] *n.* tumbler made of metal. आम्खोरा.
बॊहडा [bòḍa] *n.* kidney beans. रातो बोडी.
बॊहस्येला [bòʃela] *n.* a plane (for wood). रन्दा.
बरेह [brèe] *n.* uncooked rice. चामल.

म

माहकपा [màkpa] *n.* sister's husband; daughter's husband. भिना, जुवाई, ज्वाईं.
माहगि [màgi] *n.* corn. मकै. [Source: Nepali]
माहङ्बु [màŋbu] *adj.* many or much; very. देरै, ज्यादा, देरै.
माङ्रा [máŋra] *n.* facial hair. दाह्री, जुँगा.
माज़्युा [máʒa] *adj.* centre, used for town name. केन्द्रा.
माहदात [màdat] *n.* help. मदत. [Source: Nepali]
मादि [mádi] *part.* comparison. भन्दा.
माहना काहङ [màna kàŋ] *num.* one hundred. सय.
माहना ञ्यि [màna ɲí] *num.* two hundred. दुइ सय.
मानि [máni] *conj.* if. भने.
माहनि [màni] *n.* ritual prayer. माने.
màni yìr spin a prayer wheel.
màni tàŋ count prayer beads while praying.
माहनडि [mànḍi] *n.* a blanket. राडी.
मामु [mámu] *adj.* low. होचो.
माहया [màya] *n.* love. माया. [Source: Nepali]
मार क्याहपतोङ [már kyàp] *v. t.* to sacrifice. बलि दिनु.
माहर [màr] *n.* butter; ghee. नैनी, घी.
माहर [màr] *postp.* down. तल.
मारचि [mártsi] *n.* chilli. खोर्सानी.
माहरमु [màrmu] *adj.* red. रातो.
माहरमु लाबु [màrmu làbu] *n.* carrot. गाजर.
माहरसे [màrse] *adj.* red, pale or non-typical. फिका रातो.
मासे [máse] *n.* lentils ; daal. दाल.
मिह [mì] *n.* person. मानिस.
मिचा [mítsa] *n.* eyebrow. आंखीभुं.
मिहन [mìn] *v. cop.* the negative form of yìmba, the equational

copular. होइन.

मिह्न [mìn] *n.* name. नाम.

मिह्नडो [mìnḍo] *v. cop.* The negative form of the yinḍo, the equational copula for uncertainty. छैन.

मिह्नदु [mìndu] *v. cop.* the negative form of the dù copula. होइन.

मिलि स्यी [míli ʃíi] *n.* tick. किर्नो.

मिलिङ चेमा [míliŋ tséma] *n.* bamboo shoots. बाँस.

मिलिम [mílim] *n.* smaller bamboo, often used in basket weaving. बाँस सानो.

मिलाम [mílam] *n.* a dream. सपना.

मी [míi] *n.* eye. आँखा.

मी पु [míi pú] *n.* eyelash. परेला.

मीक स्येल [míikʃél] *n.* reading glasses. चस्मा.

मीज्यु [míidʒu] *n.* tear, from the eye. आँसु.

मीमा [míima] *n.* a smaller bamboo treated and split into thinner strips for basket weaving. बाँस सानो दालो बनाउनेको लागि.

मुकपा [múkpa] *n.* cloud ; fog. बादल, कुहिरो.

मुह्दा [mùda] *n.* a quarrel or legal dispute. मुद्दा.

मुरचा [múrtsa] *n.* forehead. निधार.

मुरतोङ [múr] *v. t.* to rub. दल्नु. Syn: kú ; ṭùl.

मुह्रतोङ [mùr] *v. i.* chew. चपाउनु.

मुह्ल [mùl] *n.* spring. बसन्त ऋतु.

मेह् [mè] *n.* fire. अग्नि.

मेॅह् [mè] *v. cop.* the negative form of yè, the existential copula. छैन.

मेॅह्के [mèke] *v. cop.* the negative form of yèke, the past tense form of the existential copula. थिउना.

मेॅह्टो [mèṭo] *v. cop.* the negative form of yèṭo, the uncertain existential copula. छैन.

मेॅन [mén] *n.* medicine. ओखती.

मेॅह्नज्या [mèndʒa] *n.* bowl. कचौरा.

मेॅह्नदा [mènda] *class.* numeral classifier, used only for people. -जना.

मेॅह्नदो [mèndo] *n.* flower. फुल.

मेॅना [ména] *n.* cumin. जीरा.

मेॅह्मे [mème] *n.* grandfather. बाजे.

मेॅलोङ [méloŋ] *n.* a mirror. ऐना; दर्पण.

मेॅह्वा [mèwa] *n.* papaya. `मेवा. [Source: Nepali]

मेॅह्स्योङ [mèʃoŋ] *n.* a bamboo pipe used to blow on the fire. नलि.

मेह्मेया [mèeme] *n.* a group of females; group; family; people. समुदाय, समुदाय, परिवार, मीहरु.

मेह्मो जुजु [mèeme dzùdzu] *n.* great grandfather. बरज्यु.

माइह् alt. माह्गि [mài] *n.* a female buffalo. राँगो.

माइह् रागो [mài rágo] *n.* buffalo. राँगो. [Source: Nepali]

माइह्हिबा [màiba] *adj.* bad. खराब.

मोह्मो [mòomo] *n.* a small dumpling. मो:मो:.

मोह् [mò] *pr.* third person singular, female. तिनी.

मोह्छ्या [ŋòtʃha] *adj.* shy. लज्जालु.

मोजा [mòdza] *n.* sock. मोजा. [Source: Nepali]

मोह्जे [mòdze] *n.* banana. केरा.

य

या [yá] *n.* arum root. पिँडालु.

याक [yák] *n.* yak. चौंरीगाई.

याह्ङ [yàŋ] *part.* emphatic marker. नि.

याङदि [yáŋdi] *adj.* something that is light of weight. हलुका.

याह्मबि [yàmbi] *n.* moment. एकै छिन. See: yèmba.

याह्रला [yàrla] *postp.* above something. माथि.

यालो छेमा [yálo tséema] *n.* a leafy green vegetable. कर्कलोको तकारि.

याह्बु [yàabu] *adj.* good. राम्रो.

यिह्गि [yìgi] *n.* letter. चिठी.

यिह्मबा [yìmba] *v.* the equational copula verb. हो. [alt. spelling हिमबा]

यिह्नजे मिह्नजे [yìndze mìndze] *n.* everything. सबै कुराहरु.

यिह्नजो [yìndzo] *adv.* from there. त्यहा देखि.

यिह्नडो [yìndo] *v. cop.* the equational copula, for uncertainty. होला.

यिपतोङ [yíp] *v. t.* to hide something and trick someone. लुकाउनु.

यिबि [yíbi] *n.* grandmother. बज्यै.

यिबि जुजु [yíbi dzùdzu] *n.* great grandmother. जज्यू आमा.

यिह्रतोङ [yìr] *v. t.* to turn. घुम्नु.

यीलदो [yíldo] *n.* courtyard. चोक.

यु [yú] *n.* turquoise, or a necklace made of turquoise. हरियो माला.

युह्ङगा [yùŋga] *n.* saffron; turmeric. बेशर, बेसर.

युङदोङ [yúŋ] *v. t.* to shake. हल्लाउनु.

युह्तोङ [yù] *v. i.* to stroll. चहार्नु.

युह्रकानद [yùrkandi] *n.* pickaxe. गैंनी. See: yùr.

युह्रतोङ [yùr] *v. t.* to turn soil. गोड्नु. See: yùrkandi.

युह्ल [yùl] *n.* village. गाउँ.

यूह्दोङ [yùu] *v. t.* to go, walking. हिंड्नु.

येह् [yè] *v. cop.* the existential copula. छ.

येह्के [yèke] *v. cop.* the past tense form of the existential copula. थियो.

येह्टो [yèṭo] *v. cop.* the existential copula for uncertainty. होला.

येह्नज्याप फुल [yèndʒap phúl] *n.* seven small metal bowls filled with water placed on an alter as an offering to the gods. पानि सात सानो कचौरामा पूजाको लागि.

येह्मबा [yèmba] *n.* moment. छिन. See: yàmbi.

येह्मबु [yèmbu] *n.* Kathmandu. काठमाडौँ.

ये [yée] *part.* an exclamation of mild surprise. त.

योह्दोङ [yò] *v. t.* to cook. पकाउनु.

योनदो [yóndo] *n.* a stick with a cloth covered head used to push grain into the thresher. कुचो पिट्नोको लगि.

योबा [yóba] *adj.* right. दायाँ.

योमा [yóma] *adj.* left. बायाँ.

ह्योलमो [yòlmo] *n.* Yolmo. ह्योल्मो.

र

राह् [rà] *n.* goat. बाख्रो.

राह् [rà] *n.* fight. झगडा.

राङ [ráŋ] *conj.* and. अनि.

राह्ङ [ràŋ] *n.* self; own. आफै, अफनु.

राह्ङसा [ràŋsa] *adj.* other; different. अर्को, अलग.

राह्टा [ràṭa] *n.* loom. चरखा, तान.

राह्पालाङ [ràpalaŋ] *n.* mulberry. किम्बु.

रारा [rára] *n.* noodles. राडा.

राह्रा [ràra] *postp.* like. जस्तो. जस्तो.

रालदोङ [rál] *v. t.* to tear something. च्यात्नु.

राह्लराह्लबा [ràlràlba] *adj.* worn. चतेको.

रिह् [rì] *n.* forest. जंगल.

रिह् हे [rì hée] *n.* yam. तरुल.

रिह्ङबु [rìŋbu] *adj.* long. लामो.

रीज्या [rídʒa] *n.* a wild chicken. बन कुखुरो कालिज.

रिह्दा [rìda] *n.* animal. जनावर.

रिह्मबुर छये [rìmbur tʃhé] *n.* a reincarnate lama. ठूलो लामा.

रीलतोङ [ríl] *v. t.* to cause to fall. लडाउनु. See: rìl.

रिलदोङ [rìl] *v. i.* to fall over or lay down, usually inanimate objects. लड्नु, गिरनु.

रुह्पतोङ [rùp] *v. t.* to gather. बटुल्नु.

रुहलदोङ [rùl] *v. i.* to rot. कुहेनु.
रुहलरुलबा [rùlrulba] *adj.* rotten. कुहेको.
रुहसुसुस [rùsusus] *adj.* driftingly, as a cloud. बादल.
रेनजा [réndza] *n.* soybeans. भटमास.
रेहरेह [rèeree] *adj.* one each. एक-एक.

र्ह

र्हेलमु [rhélmu] *adj.* round, spherical, as a ball. गोलाकार.

ल

लाह [là] *n.* mountain. पहाड.
लाहकपा [làkpa] *n.* hand. हात.
लाहकपा जुहबु [làkpa dzùbu] *n.* finger. औंलो.
लाहकपा तिहङ [làkpa tìŋ] *n.* palm. हत्केलो.
लाहकपा पुङबा [làkpa pùŋba] *n.* arm. पाखुरा.
लाहकपा सेमु [làkpa sému] *n.* fingernail. नङ.

लाहगोर [làgor] *n.* millstone. जाँतो. See: tʃhúda. [see image above, मथि तसबिर हेर्नुस]
लाहगोर बुह [làgor bù] *n.* insect, làgor is 'millstone' so possibly a weevil. किरो.
लाङ [láŋ] *n.* ox. गोरु. [see image below, तल तसबिर हेर्नुस]

लाङदोङ [láŋ] *v. t.* to pick something up. उठाउनु.
लाहङतोङ [làŋ] *v. i.* to stand; to rise. उभिनु, उठ्नु.
लाहङगुस्या [làŋguʃa] *n.* elephant. हात्ती.

लाह्पति [làpti] *n.* leaf. पात्त. Syn: lòma.

लाह्प्तोङ [làp] *v. t.* to say something. भन्नु.
v. i. to speak. बोल्नु.

लाह्पना [làpna] *conj.* conditional marker. भने.

लाह्बा [làba] *n.* cheese. छुर्पी.

लाह्बु [làbu] *n.* radish. मूला.

लाह्म [làm] *n.* road. बाटो.

लामा [láma] *n.* Lama, a Buddhist priest. लामा.

लाला [lála] *n.* someone or something. केहि, कोहि.

लासी [lásii] *n.* cucumber. काँक्रो.

लिमु [límu] *rel.* like. जस्तो.

लु [lú] *n.* song. गित.

लु [lú] *n.* a spirit which takes the form of a snake. नाग.

लुह [lù] *n.* sheep. भेडो.

लुहङ [lùŋ] *n.* river. खोलो, नदि.

लुङदार [lúŋdar] *n.* prayer flags. मानो ध्वजा.

लुहङसो [lùŋso] *n.* spine. मरुदण्ड.

लुदोङ [lú] *v. d.* to put into. पार्नु, हाल्नु.

लुहनदि [lùndi] *n.* jackal. स्याल.

लुवा ; ल्वा [lúwa ; lwá] *n.* lungs. फोक्सो.

लेह [lè] *n.* work. काम.

लेकाम [lékam] *n.* sandals. चप्पल.

लेहनदोङ [lèn] *v. t.* to take. लिनुr.

लेनडे [lénḍa] *n.* okra. राम्तोरिया.

लेपतोङ [lép] *v. i.* to arrive. पुग्नु.

लेपटा [lépṭa] *adj.* flat. सम्म.

लेपा [lépa] *n.* brain. मगज.

लेपा बुह [lépa bù] *n.* snail. शंखाकीरा.

ले [lée] *part.* convincing. त.

लो [ló] *part.* reported speech particle, used to mark what has been said. रे.

लोह [lò] *n.* year. वर्षा.

लोहतोङ [lò] *v. i.* to return. फर्कनु.

लोहदोङ [lòŋ] *v. t.* to break even, come out even. ठीक पुग्वु.

लोपकयाल [lópkyal] *n.* cough. खकार.

लोपतोङ [lóp] *v. t.* to learn. सिक्नु.

लोमा [lóma] *n.* a winnowing tray. सुपो. [see image above, मथि तसबिर हेर्नुस]

लोह्मा [lòma] *n.* leaf. पत्ता. Syn: làpti.

ल्ह

ल्हा[lhá] *n.* god. देवटा.
ल्हाबा [lhába] *n.* wind. हवा.
ल्हामा [lháma] *adj.* stale. बासी.
ल्हामु [lhámu] *n.* goddess. देवी.
ल्हेमा [lhéema] *n.* a traditional hairstyle worn by Yolmo women. चुल्टो.
ल्हो [lhó] *n.* south. दछीण.

व

वाला [wála] *postp.* under. भूमिगत.

स

सा [sá] *n.* ground ; floor; earth. भुइँ, मातो.
साहतोङ [sà] *v. i.* to eat. खानु.
साह ञ्यिमा [sà ɲáma] *n.* Sunday. आइतवार.
साह दाहवा [sà dàwa] *n.* Monday. सुनवार.
साह पासाङ [sà pásaŋ] *n.* Friday. शुकवार.
साह पुरपु [sà púrpu] *n.* Thursday. बिहिवार.
साह पेमबा [sà pémba] *n.* Saturday. सनिवार.
साह मिहङमार [sà mìŋmar] *n.* Tuesday. मंगलवार.
साह ल्हाकपा [sà lhákpa] *n.* Wednesday. बुधबार.
साङ [sáŋ] *n.* incense. धुप.
सहङ [sàŋ] *n.* copper. तामा.
सहङ दिहक [sàŋ dìk] *n.* a large copper cooking pot. ठुलो भाँडो.
सहङगि बागारि [sàŋgi bàgari] *n.* a large brass pot used for storing water and food items such as rice. ठुलो कस्वा.
सहङबुङ [sàŋbuŋ] *n.* a pitcher, traditionally made from copper. गाग्री, कस्वा.
सागार [ságar] *n.* whitewash. चुनको पोताइ. See: siidi.
साहङगि कुरवा [sàŋgi kúrwa] *n.* a smaller copper pot used to store water. कुरवा. [Source: Nepali]
साङबि [sáŋbi] *n.* next year. अर्को वर्षा.
साङबुर [sáŋbur] *n.* a pot for

incense, usually made of bronze. धुपको भाँडा.

साङ्मा [sáŋma] *adj.* clean. सफा.

साजो [sádzo] *n.* key. साँचो. See: kòldʒa.

साता [sáta] *n.* week. हप्ता. [Source: Nepali]

सातिङ [sátiŋ] Variant: sá. *n.* earth. प्रिथिबी. See: sá.

साह्नदान [sàndan] *n.* human offspring. सन्तान.

सापु [sápu] *adj.* thin, of things not human. पातलो.

सामबा [sámba] *adj.* new. नयाँ.

साह्मबा [sàmba] *n.* bridge. पुल.

साह्रु [sàru] *n.* a type of bird. चरो.

साह्लतोङ [sàl] *v. i.* to converse. कुराकानी गर्नु.

सालदोङ [sál] *v. t.* to clean. केलाउनु.

साह्से [sàse] *n.* food. खाने कुरा.

सा॒दोङ [sáa] *v. t.* to burn. बल्नु. See: pár; thìi.

सिह् [sì] *n.* a necklace made of coral worn by men. रातो माला, केताहारुको लागि.

सिह्नदा [sìnda] *adj.* hectic. थकाउने.

सिह्नदोङ [sìn] *v. t.* to complete ; finish. सिद्ध्यौनु.

सिनिङ [síniŋ] *n.* two years ago. दुइटा वर्षा अगाडि.

सिह्पयु सारक्यु [sìpyu sàrkyu] *n.* pray said 49 days after death. 49 दिन पुजा.

सिह्म [sìm] *v. i. h.* to sleep, honorific form. सुत्नुहुन्छ.

सीडि [síiḍi] *n.* red clay used to make floors and coat walls. रातो चिप्लो मातो.

सु [sú] *q.* who. को.

सुह् [sù] *n.* a sore. काष्टजनक.

सु अङ [sú áŋ] *n.* no one. कोही पनि.

सुङ [súŋ] *adj.* clean. सफा.

सुङा [súŋa] *n.* amulet. जन्तार.

सुम [súm] *num.* three. तीन.

सुमज्यु [súmdʒu] *num.* thirty. तीस.

सुमबा [súmba] *num.* third. तेस्रो.

सुमबु [súmbu] *adj.* clean. सफा.

सुरतोङ [súr] *v. d.* to put into something close fitting. घोस्नु.

सुरला [sùrla] *postp.* near. निर.

सुह्ला [sùla] *n.* embers. बल्दो कोइला.

सुह्लि [sùli] *n.* a stack of corn, elevated and left to dry. सूली. [Source: Nepali]

सेदोङ [sé] *v. t.* to kill. मार्नु.

सेह् [sè] *n.* a thing. कुरा.

सेतेरतोङ [séter] *v. t.* to kill. मार्नु. *rìda sé* to hunt.

सेन [sén] *n.* seed. बीउ.

सेबि [sébi] *n.* two years ahead. दुइटा वर्षा पछाडि.

सेम [sém] *n.* the mind or heart;the central seat of emotion in Yolmo psychology. मन.

सेम क्येदोङ [sém kyé] *v. t.* to like.

मन् पर्छ.

सेमु [sému] *n.* nail. नङ.

सेर [sér] *n.* gold. सुन.

सेरकि [sérki] *adj.* golden. सुनौलो.

सेरताङ [sértaŋ] Variant: sérka. *n.* the cold season, August - October. जाडो महीना.

सेरतोप [sértop] *n.* ring. औंठी.

सेरपु [sérpu] *adj.* yellow. पहेंलो.

सेरा [séra] *n.* hail. असिन.

सेह् [sèe]*v. t.* prepare to receive.पाउनु.

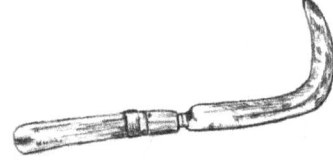

सेदोङ [sée] *v. t.* mix. मिलाउनु.

सेमजेन [sémdzen] *n.* animal. जनावर.

सो [só] *n.* tooth. दाँत.

सोदोङ [só] *v. t.* to raise. उठाउनु.

सोह् [sò] *v. imp.* the irregular imperative form of sà 'eat'. खाउ.

सोङ [sóŋ] *v. imp.* go! The imperative form of ḍò. जाउ.

सोह्तो [sòtor] *n.* fern. उनिउं.

सोमबा [sòmba] *n.* traditional long boots made of cloth and leather, still worn for special occasions. बूट.

सोमबो [sómbo] *adj.* alive. जिउँदो. *sómbo té* live.

सोमा [sóma] *n.* louse egg. लिखा.

सोह्रा [sòra] *n.* a sickle. हंसिया, खुर्पि. [see image left, मथि तसबिर हेर्नुस.

सवा [swá] *n.* unhusked rice. धान.

सवाह् [swà] *n.* nettles. सिस्नु.

स्य

स्याङदोङ [ʃáŋ] *v. t.* to churn buttermilk. मही पर्नु. See: tàra.

स्या [ʃá] *n.* meat. मासु.

स्याह् [ʃà] *n.* grease. चिल्लो पदार्थ.

स्याउ [ʃáu] *n.* apple. स्याउ. [Source: Nepali]

स्याक [ʃàk] *adj.* greasy. चिल्लो.

स्यापटा [ʃápṭa] *n. h.* foot, honorific. खुट्टा.

स्यामा [ʃáma] *n.* afterbirth. सालनाल.

स्यामु [ʃámu] *n.* mushroom. च्यौ.

स्याह्मु [ʃàmu] *n.* hat, traditional Tibetan large hat worn by both men and women on special occasions, such as a wedding. टोपी.

स्यारतोङ [ʃár] *v. i.* to shine, as the sun. तल्कनु.

स्यारा [ʃára] *adj.* young. जवान.

स्यालदोङ [ʃál] *v. t.* to exit. निस्कनु. *v. t.* to have diarrhoea. मधुमेह लाग्नु.
स्यावा बुह् [sáwa bù] *n.* spider. माकुरा.
स्य़ादोङ [ʃáa] *v. t.* to split by cutting or sawing. चिरनु.
स्य़ाह्मा [ʃàama] *n.* skirt. लुगा, सादि. [Source: Gurung]
स्यिह् [ʃì] *num.* four. चार.
स्यि खु [ʃí khú] *n.* smaller white lice. जुम्रा सानो, लिखा. See: ʃí.
स्यिकार चा [ʃíkar tsá] *v. t.* to hunt. शिकार खेल्नु. [Source: Yolmo and Nepali]
स्यिह्ङ [ʃìŋ] *n.* farm. खेत.
स्यिह्ङले [ʃìŋle] *n.* a farmer. किसान. See: ʃìŋ.
स्यिङा पको [ʃíŋa páko] *n.* bayleaf. तेजपात.
स्यिह्ताङ [ʃìtaŋ] *adj.* anger. रिस.
स्यिह्पच्यु [ʃìptʃu] *num.* forty. चालिस.
स्यिह्बा [ʃìba] *num.* fourth. चौथो.
स्यिमि [ʃími] *n.* beans. सिमी.
स्यिह्मबु [ʃìmbu] *adj.* tasty. मिटो.
स्यी [ʃí] *n.* louse. जुम्रा.
स्यी स्यीबा [ʃíba] *adj.* dead. मरेको.
स्यीका [ʃíka] *n.* a rupee. रुपिया.
स्यीगु [ʃígu] *n.* a newspaper or magazine; paper. पत्रिका, अखबार, कगात.
स्यीङ [ʃíŋ] *n.* wood. काठ.
स्यीङगार [ʃíŋgar] *n.* chestnut tree. कटुस.
स्यीङगुल [ʃíŋgul] *n.* earthquake. भूइँचालो.
स्यीङडो [ʃíŋḍo] *n.* fruit. फलफुल. Syn: phálphul.
स्यीतोङ [ʃí] *v. i.* to die. मर्नु.
स्युह् [ʃù] *v. i. h.* to sit, honorific. बस्नु.
स्युह्कपा [ʃùkpa] *n.* incense. धुप. See: pé.
स्यूह्दोङ [ʃùu] *v. i.* to enter. पस्नु.
स्येह् [ʃè] *v. i. h.* to eat, honorific. खानुहुन्छ.
स्ये क्याह्ङ [ʃé kyàŋ] *v. i.* to stretch one's limbs. पसार्नु.
स्येर [ʃér] *n.* east. पूर्व.
स्येरमा [ʃérma] *n.* young girl. केटि.
स्येदोङ [ʃée] *v. t.* to know. जान्नु.
स्योह [ʃò] *n.* curd. दही.
स्योह [ʃò] *v. t.* to brush. कुचो लाउनु.

स्योतोङ [ʃó] *v. imp.* the imperative of 'come'. आउनु.
स्योकपा [ʃókpa] *n.* feather; wing. प्वाँख, पखेटा.
स्योह्रतोङ [ʃór] *v. i.* to get out.

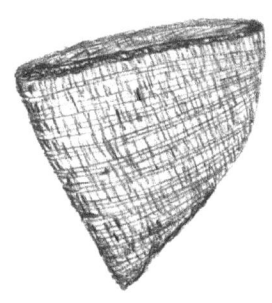

उम्कनु.
स्योह्वा [ʃòwa] *n.* wound. घाउ.
स्यो [ʃóo] *n.* a small tightly woven conical basket used for straining tʃháŋ and other things. सानो टोकरी रक्सी चाल्नेको लगि . [see image above, माथि तसबिर हेर्नुस]
स्योह्ले [ʃòole] *n.* morning. बिहान.

ह

हाह्ङ्सा [hàŋsa] *n.* duck. हाँस.
हिमबा [yìmba] *v. cop.* copula verb. हो. [alt. spelling यिह्मबा].
हाडा [háḍa] *n.* the middle pot, in which sits the tsáma, has holes in the bottom. Often made of clay but can also be made of metal. भाँडा कुन्डे माथि रक्सी बनाउनेको लगि.
हास्याङ [háʃaŋ] *n.* The images of the laughing buddha. हँसाउने बुद्ध.
हुङ्गार [húŋgar] *n.* horse radish. सर्स्यु.
हे [hée] *n.* potato. आलु.
होमदोङ [òm] *v. t.* to convince, to woo. फकाउनु. [alt. spelling of ओह्म्दोङ]
होमा [òma] *n.* milk; breast. दुध, स्तन. [alt. spelling of ओह्मा]
होरता [òrta] *n.* a fence. बार. [alt. spelling of ओह्र्ता]
होराङ [òraŋ] *pr.* first person plural inclusive. हामी. [alt. spelling of ओह्राङ]
होह् बराकपा [hòbrakpa] *n.* red panda. रातो पाण्डा.
होनडा [ònḍa] *adv.* that way. त्योस्तो. [alt. spelling of ओह्न्डा.

नेपाली - लाम्जुङ योहल्मो

अ

अखबार *n.* स्यीगु.
अग्नि *n.* मेह्.
अग्लो *adj.* थौमबो.
अगाडि *postp.* दिनला;
postp. तोह्ङला.
अगाडि वर्षा *n.* नाह्निङ.
अघि *adv.* ताह्ज़्यि.
अङगालो *adj.* फाङबा.
अङ्गालो *n.* पराह्ङज्या.
अचार *n.* चौप.
अठार *num.* च्येपक्ये.
अडिनु *v. i.* कातोङ.
अदुवा *n.* क्याह्पस्या.
अध्यारो *adj.* ना चुसे.
अन्डा *n.* च्येह्लोनदो;
n. च्येमु कोङा.
अन्धकार आउनु *v.i.* नाम सेदोङ.
अन्न *n.* डुह्.
अनि *conj.* अनि;
conj. ओह्लेगि;
conj. राङ.
अफनु *n.* राह्ङ.
अब *adv.* ताह्.
अबेर *adj.* कुह्लबा.
अम्बा *n.* अमबाक.
अमिलो *adj.* क्युरपु.
अर्को *adj.* राह्ङसा;
adj. तिङग.
अर्को वर्षा *n.* साङबि.
अर्गुङ *n.* क्याह्वा.
अलि कति *adj.* तिबिरेरे.
अलि अलि *adj.* तिबिच्यि.
अलग *adj.* राह्ङसा.
असति *n.* खारनुप.
असिन *n.* सेरा.
अस्सी *num.* खालस्यि;
num. क्याज्यु.
अहिले *adv.* ताह्पसे;
adv. ताह्ज़े.

आ

आंखीभुं *n.* मिचा.
आंठा *n.* पाह्कपे चामबा.
आँखा *n.* मी.
आँसु *n.* मीज्यु.
आइतवार *n.* साह् ङ्यामा.
आउनु *v. i.* ओह्ङदोङ;
v. imp. स्योतोङ.
आउनुहुन्छ *v. i. h.* फेपतोङ.
आकार *adv.* डाह्ङा.
आकाश *n.* नम तिङ.
आज *n.* तिह्रिङ.
आजबोले *adv.* दाह्ङ तेह्रिङ.
आठ *num.* क्येह्.
आठौं *num.* क्येह्बा.

आत्ता *n.* गोह् चामपा.
आधा *adj.* फे.
आधारत *n.* कुहङम्‌ु नुहप फे.
आन्द्रा *n.* क्युहमा.
आनान्दाले *adj.* टुप काह्ला.
आफै *n.* राहङ.
आम्खोरा *n.* बोह्ङना.
आमा *n.* अमा.
आराम लिनु *v. i.* थाङ सालतोङ.
आरु *n.* खामबु.
आल्छी *adj.* छेरसि.
आलपिन *n.* खिप.
आलु *n.* हे.

इ

इनार *n.* इहनार;
n. खोलमो.
इर्स्यालु *adj.* ठादोक.

उ

उक्लनु *v. i.* जाह्तोङ.
उकालो *adj.* कामा;
उखलिनु *v. i.* पोह्दोङ.
उखु *n.* कुहरस्यीङ.
उठ्नु *v. i.* लाहङतोङ.
उठाउनु *v. t.* लाङदोङ;
v. t. सोदोङ.
उड्नु *v. i.* उहरतोङ.
उत्तर *n.* ङ्युम.
उत्रिनु *v. i.* फापतोङ.
उत्रनु *v. i.* क्यादोङ.
उता *postp.* फार.
उदास *v. i.* छेरतोङ.
उधिन्नु *v. t.* टूदोङ.
उननाइस *num.* च्युरकुह.
उनि *pr.* खो.
उनिउं *n.* सोह्तो.
उपियाँ *n.* किस्यि.
उपहार *n.* नासो.
उपर्ना *n.* करेमु.
उफ्रनु *v. i.* फिरतोङ.
उभिनु *v. i.* लाहङतोङ.
उम्कनु *v. i.* स्योहरतोङ.
उमाल्नु *v. t.* कोलदोङ.
उल्लु *n.* उपा.

ए

एक *num.* च्यी.
एक अर्को दिनु *v. d.* छ्येपतोङ.
एक-एक *adj.* रेहरेह.
एककाइस *num.* खालज्यि च्यी.
एकलै *adj.* च्यीराङ.
एकान्त *adj.* च्यीराङ.
एकै छिन *n.* याह्मबि.
एघार *num.* च्युज्यि.
एघारौँ *num.* च्युज्यिबा.
एतिने *adj.* ओहज़ेराङ.

ऐ

ऐना; दर्पण *n.* मेलोङ.
ऐसलु *n.* ड्याहाङ.

ओ

ओकल *n.* ओकेल.
ओखती *n.* मेन.
ओठ *n.* छ्योदो.
ओधान *n.* च्याङगि.
ओहो *excl.* अपे;
excl. अछ्या;
part. ऐ.

औ

औंठी *n.* सेरतोप.
औंलो *n.* लाहकपा जुहबु.

क

कँच्ली *n.* सोबलोङ.
कहाँ *q.* काहला.
कगात *n.* स्यीगु.
कचौरा *n.* कायु;
n. मेहनज्या.
कटुस *n.* स्यीङगार.
कति *q.* काहज़्ये.
कथा *n.* तामबे.
कन्छि *adj.* कानचि.
कपडा मानेको लगि *n.* दाहज़ा.

कपाल n. टा.
कमिज n. ओनज्यु;
n. ताङज्युह;
n. तोह्च्ये.
कम्मर n. क्येपा.
कमिला n. टोह्माङ.
कर्कलोको तकारि n. यालो छेमा.
करङ n. चिमा.
कराई n. कराई.
कलश n. पुह्मबा.
कलाम n. कालाम.
कलेजो n. च्यिमबा.
कस्तो q. काह्नमु.
कस्नु v. t. कीदोङ;
v. t. तेन्दोङ.
कस्वा n. सहङबुङ.
कस्वा, ठुलो n. सहङगि बागारि.
कहिले q. नाह्म.
कहिले पनि adv. नाह्माङ.
काँक्रो n. काह्वान;
n. लासी;
n. तोह्रियाङ.
काँटा n. खिमबु.
काउली n. काउली.
काका n. अगू.
काग n. च्याह्रो.
कागती n. कागाति.
काष्टजनक n. नेह्पा;
n. सुह.
काट्नु v. t. तुपतोङ.
काट्नु घाँस v. t. ङादोङ.
काठ n. स्यीङ.
काठको कचौरा रक्सीको लगि
n. पुजि.
काठमाडौँ n. येह्मबु.
काद्नु v. t. टुकतोङ.
कान n. नामजो.
काम n. लेह.
कामी n. छ्यादुङ.
कालिज n. टाह.
कालो adj. नाह्कपु.
कि conj. कि;
conj. पिह्च्या.
किटली n. थीबरि.
कितब n. किताब;
n. छ्ये.
किन q. च्यिपे.
किन्नु v. ङ्योह्गोल;
v. t. ङ्योह्दोङ.
किनभने conj. च्यिपे लाह्पना.
किम्बु n. राह्पालाङ.
किरो n. बुह;
n. लाह्गोर बुह.
किर्नो n. मिलि स्यी.
किसान n. स्यिह्ङले.
कीला n. काति.
कुकुर n. खि.
कुखुरो n. च्याह.
कुचो n. फयामा.
कुचो पिट्नोको लगि n. योनदो.
कुचो लाउनु v. t. स्योह.
कुट्नु v. i. फोदोङ;
v.t. ; v. i. क्याह्पतोङ.
कुटो n. तोझ़्यि.
कुद्नु v. i. च्योङतोङ.
कुन q. काह्नदि.
कुनै कुरा n. च्यि इनाङ.

कुबेर *n.* ज्याह्मबाला.
कुरिलो *n.* इबि रेरे.
कुरवा *n.* साहङगि कुरवा.
कुरा *n.* सेह;
n. ताम.
कुरा गार्नु *v. i.* तामया पेहदोङ.
कुराकानी गर्नु *v. i.* साहलतोङ.
कुहिना *n.* कुङ जुहङ.
कुहिरो *n.* मुकपा.
कुहेको *adj.* रुहलरुलबा.
कुहेनु *v. i.* रुहलदोङ.
के *q.* च्यि.
केटाकेटी *n.* पिहज़्या.
केटि *n.* स्येरमा.
केति मान्छे *n.* ख्योपिज़्या.
केन्द्रा *adj.* माज़्युा.
केरा *n.* मोहजे.
केलाउनु *v. t.* सालदोङ.
केहि *n.* लाला.
केही *adj.* तिबिच्यि.
केही; *adj.* च्यि अङ.
केही; कुनै *adj.* च्यि अङ.
केही पनि *adj.* च्यि अङ.
को *q.* सु.
कोइला *n.* बुबरो.
कोट *n.* च्युबा.
कोदो *n.* क्याहगार.
कोपरिनु *v. i.* कोहङतोङ.
कोयाली *n.* कुकु.
कोसारि *q.* काहन पेदि;
q. काहनडा.
कोहि *n.* लाला.
कोही पनि *n.* सु अङ.
कौवाकाफल *n.* खारबेसारे.

ख

खकार *n.* लोपक्याल.
खता *n.* कादहा.
खथ *n.* टाटे.
खन्याउनु *v. t.* पुदोङ.
खम्बिर *n.* फाप.
खराब *adj.* माइहिबा.
खल्ति *n.* खालडि.
खस्नु *v. i.* ताहपदोङ;
v.t. ; v. i. क्याहपतोङ.
खाउ *v. imp.* सोह.
खाजा *n.* ज्याहरा.
खाट *n.* खाट.
खान्नु *v. t.* कोदोङ.
खानु *v. i.* साहतोङ.
खानुहुन्छ *v. i. h.* स्येह;
v. i. h. छ्ये.
खाने कुरा *n.* साहसे.
खाली *adj.* तोहङबा.
खुट्टा *n.* तिङबा, काङबा;
n. तोहकपा;
n. h. स्यापटा.
खुट्टाको औंलो *n.* काङबा जुहबु.
खुट्टो *n.* काङबा.
खुदो *n.* पराहङ.

खुर *n.* खुर.
खुर्पी *n.* चोहरा.
खुसी *adj.* केहदाङ लाहङ.
खेत *n.* स्यिहङ.
खेल *n.* चेमे.
खेल्नु *v. t.* चादोङ.
खैरो *adj.* थाला राङ.
खोज्नु *v. t.* छोलदोङ.
खोरण्डो *adj.* जेहवा.
खोर्सानी *n.* मारचि.
खोलनु *v. i.* ताहङदोङ.
खोल्नु *v. t.* काह पेहदोङ.
खोलेको *adj.* काह.
खोलो *n.* लुहङ.
खोस्नु *v. t.* फरोदोङ.

ग

गँड्यौलो *n.* दाहलु.
गधा *n.* पुहङगु.
गन्जी *n.* गाहनजि.
गन्नु *v. t.* ताहङदोङ.
गफ गर्नु *v. i.* ताम स्येकतोङ.
गर्दन *n.* जिहङबा.
गर्नु *v. t.* पेहदोङ;
v. t. च्योहलदोङ.
गरिब *adj.* पराङबु.
गहुँगो *adj.* च्येनदि.
गलत *adj.* अचाले.
गहिरो *adj.* तिह रुङबु.
गहुँ *n.* टोह.
गाँस्नु *v. t.* थिदोङ.
गाइने कीरो *n.* पानि बुह.
गाई *n.* पहलङ.
गाउँ *n.* युहल.
गाउनु *v. i.* नेहनतोङ.
गाग्री *n.* सहङबुङ.
गाजर *n.* माहरमु लाबु.
गारि *adj.* थिङबु.
गाला *n.* डाहमबा.
गित *n.* लु.
गिद्ध *n.* छारक्या.
गिर्नु *v. i.* परोहदोङ.
गिरनु *v. i.* रिलदोङ.
गुह किरा *n.* डेहडे.
गुट *n.* च्याङ.
गुन्द्रि *n.* गुहनदरि.
गुन्द्रुक *n.* केहदु.
गुफा *n.* पारा कुना.
गुराँस *n.* ताङगु.
गुरुङ *adj.* गोहरोङ.
गुलियो *adj.* ङाहरमु.
गेडा *n.* बुदि.
गैंडा *n.* गेहदा.
गैंनी *n.* युहरकानद.
गोड्नु *v. t.* युहरतोङ.
गोदना *n.* खोप तिबा.
गोरु *n.* लाङ.
गोलाकार *adj.* रहेलमु.
गोलो *adj.* कोहरमो.

48 Lamjung Yolmo-English- Nepali Dictionary

ग्लास *n.* गलाह्स.

घ

घचेट्नु *v. t.* फुल.
घट्ट *n.* छ्युदा.
घण्टा *n.*छ्युजे.
घडी *n.* छयुजे;
  adv. गाहरिला.
घन्टि *n.* टिलबु.
घनुष र बाण *n.* दाह्.
घर *n.* खिम.
घरमा बस्ने कुल *n.* कुहल.
घरि *adj.* छापा.
घाँस *n.* छये.
घाइते *adj.* नेनदि.
घाउ *n.* स्योह्वा.
घिरौंले *n.* तोरयाङ.
घिस्नु *v. t.* तिस्याल क्याहपतोङ.
घी *n.* माहर.
घुँडा *n.* छीङगोर.
घुपौरो *n.* पे बुर.
घुम्नु *v. i.* कोरतोङ;
  v. t. केदोङ;
  v. t. यिहरतोङ.
घोडा *n.* टाहबु.
घोस्नु *v. d.* सुरतोङ.
घ्याम्यो *n.* अरु;
  n. फुमबा.

च

चकटी *n.* च्याकटि.
चख्नु *v. t.* परेह् ताहदोङ.
चट्याङ *n.* नाम था.
चतेको *adj.* राहलराहलबा.
चन्द्रमा *n.* दाहगारमु.
चपाउनु *v. i.* मुहरतोङ.
चप्पल *n.* लेकाम;
  n. च्यापाल.
चम्चा *n.* खिमबु;
चमेरो *n.* फाबाङ.
चरो *n.* पिटुलि;
  n. साहरु;
  n. च्याजुङमा.
चरकनु *v. t.* केहदोङ.
चरखा *n.* राहटा.
चहार्नु *v. i.* युहतोङ.
चल्नु *v. t.* कारतोङ.
चलाख *adj.* च्याङबु.
चस्मा *n.* मीक स्येल.
चांदै *adv.* ग्युबाराङ;
  adv. ग्युग्युबा ; ग्युबा.
चाँदी *n.* ङुल.
चाट्नु *v. t.* दाहदोङ.
चाम्पा *n.* पाहक.

चाम्बाको भाँडा *n.* पाकपुर.
चामल *n.* बरेह्.
चार *num.* स्यिह्.
चालिस *num.* खालङयि;
num. स्यिह्पच्यु.
चाहिने हुनु *v. t.* कोह्दोङ.
चिउरा *n.* फालगि.
चिठी *n.* यिह्गि.
चिनी *n.* च्यिनि.
चिपछिपे *adj.* थेमु.
चिम्टा *n.* कैमबा;
n. चिमटा.
चिया *n.* च्याह्.
चिया पत्ती *n.* च्याह् पाह्कतु.
चिरनु *v. t.* स्यादोङ.
चिल्लो *adj.* स्याक.
चिल्लो पदार्थ *n.* स्याह्.
चिसो *adj.* टाहङमु.
चील *n.* ठावा.
चुक्क *n.* कारता.
चुक्कुल *n.* चुकुल.
चुचुरो *n.* खावा.
चुनको पोताइ *n.* सागार.
चुबा *n.* अङदुङ.
चुलहा *n.* कोह्गा.
चुल्टो *n.* ल्हेमा.
चुलो *n.* कोह्गा.
चुस्नु *v. t.* ज्यिह्पतोङ.
चेर *n.* तोह्ङबा.
चोक *n.* यीलदो.
चोटि *n.* क्येह्पा.
चोर *n.* कुमेन.
चोलो *n.* तोको.
चौतारा *n.* नेसा.
चौथो *num.* स्यिह्बा.
चौध *num.* च्युपस्यि.
चौंरीगाई *n.* याक.
च्यात्नु *v. t.* रालदोङ.
च्यौ *n.* स्यामु.

छ

छ *num.* टुह्;
v. cop. येह्.
छत *n.* पालि.
छरनु *v. t.* ताङदोङ.
छर्नु *v. t.* ताह्पतोङ.
छाउनी *n.* छ्याउकि.
छान्नु *v. t.* दाह्मदोङ;
v. t. छ्यानदोङ.
छानी *n.* पालि.
छाल्नु *v. i.* क्युदोङ.
छायाँ *n.* टिह्पसा.
छाला *n.* कोबा.
छिटो *adj.* ग्युग्युबा ; ग्युबा.
छिन *n.* येह्मबा.
छिमेकी *n.* खिम ज्ये.
छुचुन्द्रो *n.* चिक चिबा;
n. छ्येपारे.
छुनु *v. t.* देह्दोङ.

50 Lamjung Yolmo-English- Nepali Dictionary

छुर्पी *n.* लाहबा;
n. छ्युरपि.
छुरी *n.* काथा.
छैटौं *num.* टुहकपा.
छैन *v. cop.* मेह;
v. cop. मेहटो;
v. cop. यिहनदो.
छोटो *adj.* थेमि.
छोड्नु *v.* ज़्या.
छोड्नु *v. i.* पोहरतोङ;
v. t. क्युदोङ.
छोप्नु *v. t.* उपतोङ.
छोरि *n.* पोहमो.
छोरा *n.* पुह.
छ्यापी *n.* च्योङ.

ज

जंगल *n.* रिह.
जंड्याहा *n.* छ्याङगेला.
जज्यू आमा *n.* यिबि जुजु.
जन्तार *n.* सुङा.
-जना *class.* मेहनदा.
जनावर *n.* रिहदा;
n. सेमजेन.
जब्बरजस्त *n.* जाबेरज्यासति.
जम्मा *adj.* जाहम्मा;
जाहम्माराङ.
जरो *n.* छावा.
जरा *n.* चारङि.
जल्नु *v. i.* छिदोङ.
ज्वाईं *n.* माहकपा.
जवान *adj.* स्यारा.
जस्तो *dj.* च्यीराङ;
postp. राहरा;
postp. टिहलेराङ;
adv. लिमु.
जाँतो *n.* लाहगोर.
जाउ *v. imp.* सोङ.
जाऊ *n.* ने.
जाडो *n.* क्याबु.
जाडो महीना *n.* सेरताङ.
जाडो लाग्नु *v. i.* क्यादोङ.
जात *n.* किपा.
जात्रा *n.* तेमु.
जाति *n.* छाउ.
जादा *adj.* गाहडा.
जान्नु *v. t.* स्येदोङ.
जानु *v. i.* डोहदोङ;
v. i. काहलतोङ.
जिउँदो *adj.* सोमबो.
जिब्रो *n.* च्ये
जीउ *n.* जुहबु.
जीरा *n.* मेना.
जुँगा *n.* माङरा.
जुका *n.* पेपे.
जुट *n.* बाहखाल.
जुत्ता *n.* कोहपस्या.
जुम्रा *n.* स्यी.
जुम्रा सानो *n.* स्यि खु.
जुहारि लाउनु *v. t.* तादोङ.

जुवाई *n.* माह्कपा.
जुह्सेली *n.* बुह् सिह्कपा.
जेठो *adj.* ज्येटि.
जोख्नु *v. t.* कारतोङ.
जौ *n.* कारु.
ज्यादा *adj.* माह्ङ्बु.

झ

झगडा *n.* राह्.
झर्ना *n.* छ्यु च्यारा.
झर्नु *v. i.* परुलतोङ.
झाँक्री *n.* पोह्मबो.
झाँट्ने कल *n.* कुनिङ.
झाडी *n.* दोह्प.
झारनु *v. i.* फापतोङ.
झाल्नु *v. i.* फापतोङ.
झिङ्गो *n.* प्राह्ङ्माङ.
झुसिल्किरा *n.* खिबा.
झोल *n.* ख्यवा.
झोलिाउनु *v. t.* पयाङ्दोङ.
झोला *n.* काह्लदा.

ट

टप *n.* अलोङ.
टल्नु *v. t.* टालति.
टाँक *n.* टुङ.
टाउको *n.* गोह्.
टाढा *adj.* था रिङ्बु.
टापु *n.* छ्यो.
टायर *num.* च्युपसुम.
टिका *n.* टिका.
टुंगिनु *v. i .* च्योह्तोङ.
टुलो लामा *n.* खेमबु.
टोक्नु *v. t.* अ तापतोङ.
टोकरी *n.* कोह्रको;
n. चेलबा;
n. टोकारि.
टोकरी सानो रक्सी चाल्नेको लगि *n.* स्यो.
टोपी *n.* स्याह्मु;
n. h. कुस्या.

ठ

ठाउं *n.* ग्याह्.
ठिक *adj.* तेमबा.
ठीक पुग्बु *v. t.* लोह्दोङ.
ठुली आमा *n.* च्येच्ये च्योमबो.

ठूलो *adj.* छ्योमबो.
ठूलो अशाङ *n.* अस्याङ च्योमबो.
ठूलो जग भाँडा रक्सी बनाउनेको लगि *n.* कुनडे.
ठूलो बा *n.* अगू च्योमबो.
ठूलो लामा *n.* रिह्मबुर छये.

ड

डङग *adv.* डाहङ्ग.
डर *adj.* जिहबा.
डराउनु *v. i.* जिहतोङ.
डल्लो; गोलाकार *adj.* डाहलो.
डाँडा *n.* काहङ.
डोको, ठूलो सम्म चिपछिपे *n.* चार्मु.

ढ

ढुंगा *n.* तोह.
ढोका *n.* कोह.

त

त *part.* ले;
part. ताह;
part. ये.
तपाई *pr.* ख्या.
तपाईहारू *pr.* खुङ.
तरकारी *n.* चेमा.
तरुल *n.* रिह हे.
तल *postp.* माहर;
postp. चाला.
तल्कनु *v. i.* स्यारतोङ.
तलतिर *postp.* पिचु.
ताउं; कोटा *n.* खोपि.
तातो *adj.* टोहमबो.
तान *n.* राहटा.
तान्नु *v. t.* तेनदोङ;
v. t. टिहदोङ.
तामा *n.* सहङ.
तार्नु *v.t. ; v. i.* क्याहपतोङ.
तारा *n.* करमा.
ताल् *n.* अल;
n. कोहलमो.
ताला *n.* कोहलज्या.
तितो कोरिलो *n.* खेनदि कोहरिलो.
तिनी *pr.* मोह.
तिबोत *n.* पे.
तिमी *pr.* खे.
तिमीहरु *pr.* खुङ.
तिमुर *n.* ऐरमाङ

तिर्खा लग्नु *adj.* कोमसिन.
तिर्नु *v. t.* च्यालदोङ.
तीखो *adj.* नोमबो.
तीतो *adj.* खेनदि.
तीथयात्रा *n.* ने कोर.
तीन *num.* सुम.
तील *n.* तिल.
तीस *num.* खालज्यि च्यु;
num. सुमज्यु.
तेजपात *n.* स्यिङा पको.
तेल *n.* नुम.
तेस्रो *num.* सुमबा.
तोरी *n.* पुहङगा.
तोलोको टाँक *n.* तोका.
त्यहाँ *postp.* ओह.
त्यहाँ *postp.* तिह.
त्यो *dem.* ओहदि;
dem. तोहदि.
त्यहा देखि *adv.* यिहनजो.
तयइस *num.* खालज्यि सुम.
त्यहाँबाट *conj.* देहलेगि.
त्यसकारण *conj.* ओहदिगि पेहदि.
त्यो *dem.* तोदि; ओदिह.
त्योस्तो *adv.* होनडा;
adv. छुरपे.
त्योसारि *adv.* ओरमु.

थ

थकाइ *adj.* थाङ छ्ये.
थकाउने *adj.* सिहनदा.
थाहाँ *dem.* तेफुला.
थाहा छ *v. t.* हा कोदोङ.
थाक्नु *v. i.* ङ्यिलोदोङ.
थाङका *n.* थाङकु.
थाप्नु *v. t.* पाहतोङ.
थाल *n.* तेहरमा.
थिउना *v. cop.* मेहके.
थिच्नु *v. t.* नेमदोङ.
थियो *v. cop.* येहके.
थुक् *n.* खाज्यु;
n. छयेमा.
थुक्पा *n.* थुकपा.
थुन्नु *v. t.* च्युपदोङ.
थुर्मी *n.* क्येहवा.
थोरै *adj.* तिबिच्यि.

द

दगुर्नु *v. i.* च्योङतोङ.
दछीण *n.* ल्हो.
दबाउनु *v. t.* तिह.
दमाइ *n.* चेमगनदि.
दरी *n.* दाहरि.
दल्नु *v. t.* कुदोङ;

v. t. मुरतोङ;
v. t. टुलदोङ.
दस *num.* च्यु.
दस हजार *num.* पादि च्यु.
दसौं *num.* च्युबा.
दही *n.* स्योह.
दाँत *n.* सो.
दाइ *n.* अदा.
दाख *n.* दाहकला.
दानी *n.* काहलदा.
दायाँ *adj.* योबा.
दाह्री *n.* माङरा.
दाल *n.* मासे.
दालो बुन्नु *v. t.* ताहमदोङ.
दालोको बिट *n.* पानबु.
दालोको बित्रा *n.* नाहङमा.
दालोको बाहिर *n.* फिमा.
दालो *n.* दाहलो.
दिदी *n.* अजि.
दिन *n* ड्डिहमा.
दिनु *v. d.* नाङदोङ;
v. d. तेरतोङ.
दिलो *adj.* कुहलबा.
दिसा *n.* क्याकपा.
दुइ *num.* ड्डि.
दुइ सय *num.* माहना ड्डि.
दुइजना *num.* ड्डिपु.
दुइटा हातमा झोल्याउनु *v. t.*
फाङदोङ;
v. t. थौदोङ.
दुइटा वर्षा अगाडि *n.* सिनिङ.
दुइटा वर्षा पछाडि *n.* सेबि.
दुख पाउनु *v. i.* ड्डोङदोङ.
दुखि *n.* तुहपु.
दुखी *adj.* तिहङाल.
दुध *n.* होमा.
दुम्सी *n.* कोहार;
n. पिहतीरी.
दुवै *adj.* ड्डिकाराङ.
दुश्टो *n.* पोला.
देख्नु *v. t.* थोङदोङ.
देखाउनु *v. t.* तेनदोङ.
देखिनु *v. t.* थोङदोङ.
देडो *n.* गोहनडे.
देरी *n.* थाकपा.
देरै *adj.* दाहज़्ये;
adj. माहङबु.
देवटा *n.* ल्हा.
देवी *n.* ल्हामु.
देश *n.* देहस्य.
दोपट्टा *n.* करेमु.
दोर्जे *n.* दोहरज्ये.
दोस्रो *num.* ड्डिबा.

ध

धनियाँ *n.* ऊहसु.
धनी *adj.* छ्युकपु.
धन्यवाद *excl.* थुच्ये छये.
धनेश; नीलचरा *n.* रोहङ गोहलोङ.

धान *n.* सवा.
धारिलो *adj.* नोमबो.
धुनु *v. t.* ठुदोङ.
धुप *n.* दुहप;
n. पे;
n. साङ;
n. स्युहकपा.
धुपको भाँडा *n.* साङबुर.
धुलो *n.* थालबि.
धुवाँ *n.* तिहपा.
धूलो *n.* थाला.

न

न *part.* नि.
नङ *n.* लाहकपा सेमु;
n. सेमु.
नजिक *postp.* पोहला.
नदि *n.* लुहङ.
नधारिलो *adj.* बोहकतो.
नब्बे *num.* कुहपच्यु;
num. खालस्यि च्यु.
नमस्ते *excl.* टास्यि देले.
नयाँ *adj.* सामबा.
नरिवल *n.* नारिवाल.
नलि *n.* मेहस्योङ.
नवौं *num.* कुहबा.
नसा *n.* चह.
नाइटो *n.* तिया.
नाक *n.* नासुम.
नाग *n.* लु.
नाङ्गो *adj.* नाङगो.
नाच्नु *v. t.* छ्यामदोङ.
नाति *n.* छाउ.
नातिनी *n.* छामु.
नाम *n.* मिहन.
नामलो *n.* नामलि.
नि *part.* याहङ.
निउरातो तकारि *n.* तेहगिनि छेमा.
निकस गर्नु *v. i.* थेनतोङ.
निको हुनु *v. i.* ट्राहतोङ.
निचर्नु *v. t.* चिरतोङ.
नितम्ब *n.* केफा.
निधार *n.* मुरचा.
निन्द्र बिम्जेको *v. i.* ड्यि सेतोङ.
निफान्नु *v. t.* टापदोङ.
निम्बुवा *n.* निमाबा.
निर *postp.* सुरला;
postp. पोहला.
निल्नु *v. t.* ड्यिहपतोङ.
निस्कनु *v. i.* तेहनदोङ;
v. t. स्यालदोङ.
निहुरनु *v. i.* कुहर पेहतोङ.
नीलो *adj.* ज्याहङगु;
adj. ङोमबु.
नुनिलो *adj.* छापरे.
नून *n.* छा.
नेपाली *adj.* खासा.
नैनी *n.* माहर.
नौ *num.* कुह.

प

पकाउनु *v. t.* योहदोङ.
पक्रनु *v. t.* जुहमदोङ.
पखेटा *n.* स्योकपा.
पछयौरा *n.* काइतो.
पचास *num.* खालङयि च्यु;
num. ङापच्यु.
पछाडि *postp.* तिङला.
पछाडि *postp.* क्याहपला.
पट्टि *n.* पटि.
पठाउनु *v. t.* ताङदोङ.
पहाड *n.* लाह.
पढ्नु *v. i.* टाहतोङ;
v. t. टोहदोङ;
v. t. टोहदोङ.
पत्ता *n.* लोहमा.
पतन्त्र *n.* छाकपालिङ.
पत्रिका *n.* पोतरिका;
n. स्यीगु.
पन्ध्र *num.* च्योङा.
पनि *conj.* अङ;
part. ना.
पर्खनु *v. i.* कूदोङ.
पर्खाल *n.* चिकपा.
परेला *n.* मी पु.
परिवार *n.* मेहमेया.
पर्सि *n.* नाहङ दिहना.
पराल *n.* पराल.
पलुन्गो *n.* पालाङ चैमा.
पस्नु *v. i.* स्यूहदोङ.
पसल *n.* दोहगान.
पसार्नु *v. i.* स्ये क्याहङ;
v. t. थेनतोङ.
पहिलो *num.* तोहङबो.
पहेंलो *adj.* सेरपु.
पाँच *num.* ङा.
पाँचौं *num.* ङाबा.
पाउनु *v. t.* जोहरतोङ;
v. t. सेह.
पाक्का *adj.* पाहका.
पाकेको *adj.* छेछेबे.
पाखुरा *n.* लाहकपा पुङबा.
पागल *n.* ङ्योङबा.
पाटालो *adj.* यिहपा.
पात्त *n.* लाहपति.
पातलो *adj.* सापु.
पानि सात सानो कचौरामा
पूजाको लाग *n.* येहनज्याप फुल.
पानिको गाग्रि *n.* छ्यु.
पानी *n.* छ्यु.
पानी पार्नु *n.* नम क्याप.
पारि *postp.* फारकोनला.
पाइन्ट *n.* जाहगेङम;
n. पोलदुम.
पार गर्नु *v. d.* ङ्योतोङ.
पार्नु *v. d.* लुदोङ.
पाल *n.* टाज़्याङ.
पाले *n.* गेहद पाले.
पालो *n.* पालो.
पाश्चिम *n.* च्याहङ.
पाहुना *n.* डोहमबो.

Lamjung Yolmo-English- Nepali Dictionary 57

पिँध *n.* दाग.
पिंध्ने अन्न *n.* ज्याहगि.
पिँडालु *n.* या.
पिछ, *postp.* तिङला.
पिट्नु *v. t.* तुहङदोङ.
पिउनु *v. t.* थुङदोङ.
पिट्ने *n.* तुहङदा.
पिठु *n.* क्याहप.
पिठो *n.* चामबा.
पित्त *n.* ठिबा.
पिरो *adj.* कारपा.
पिर्का *n.* पिरका.
पिलो *n.* टिङबुर.
पिसाब् *n.* छ्यिङ.
पिसाब् फेरनु *v. i.* छ्यिदुङ तादोङ.
पीर *adj.* तिहङल.
पुग्नु *v. i.* लेपतोङ;
v. t. दाहङदोङ;
v. t. च्याङ.
पुच्छुर *n.* ङामाङ.
पुछ्नु *v. t.* फयादोङ.
पुतली *n.* फिमलि.
पुरा *adj.* काहङ.
पुरानो *adj.* निङबा.
पुरी खेल्नु *v. i.* च्याल क्याहपतोङ.
पुल *n.* साहमबा.
पुलिन्दा *n.* दापा;
n. पाक.
पूजा *n.* पुज़ापाट.
पूर्व *n.* स्येर.
पेट *n.* फो.
पेटी *n.* कारा;
n. पाटुका.
पेटी लाउनु *v. t.* पेटी च्यिङदोङ.
पैसा *n.* डेहबा;
n. टाङ.
पोको *n.* काहलज्यु.
पोहगंगेप *n.* पाङगेप;
n. तिकिस.
प्रसाद *n.* छोप.
प्राचीन *adj.* तुङबो जुक.
प्रिथिबी *n.* सातिङ.
प्वाँख *n.* स्योकपा.
प्वाँखे सरप *n.* डुहक.
प्वाल *n.* तोलबो.

फ

फकाउनु *v. t.* होमदोङ.
फर्कनु . फारसि.
फलफुल *n.* फालफुल;
n. स्यीङडो.
फलाम *adj.* च्या.
फाटेको *adj.* थाङनाङ.
फारप *n.* क्याहपरे.
फास्नु *n.* फास.
फिका *adj.* क्ये तहाल.
फिका नीलो की नीलो *adj.* ङोमसे.
फिका रातो *adj.* माहरसे.
फिका सेतो *adj.* कारसे.
फिला *n.* काङबा लास्या.

फुक्नु *v. i.* फुदोङ.
फुकाल्नु *v. t.* पि.
फुट *n.* ठु.
फुट्नु *v. i.* रोहपतोङ.
फुटाउनु *v. t.* रोपतोङ.
फुल *n.* मेहनदो;
n. च्येह्मेनदो;
n. च्येमु कोङा.
फुल दानी *n.* मेहनदो दाहनि.
फोक्सो *n.* लुवा ; ल्वा.
फोहोर *adj.* नामदा;
adj. ङ्योकपा;
adj. टाहलु.
फ्याँक्नु *v. t.* क्युरतोङ.

ब

बंगुर *n.* फा.
बगेर *n.* चेहतरे.
बज्यै *adj.* काहमु;
n. यिबि.
बच्चा *n.* पिहज़्या.
बजार *n.* क्याहसा.
बझ्नु *n.* ठुकपा.
बटुल्नु *v. t.* रुहपतोङ.
बढिया *adj.* काम साबु.
बत्ति *n.* दाहर.
बन कुखुरो कालिज *n.* रीज्या.
बन्चरो *n.* तारि.
बन्द गर्नु *v. t.* चुमदोङ.
बन्दा *adj.* क्याहप.
बन्दाकोबी *n.* बा़हनदा.
बन्ध्नु *v. t.* टाहतोङ.
बनाउनु *v. t.* ज़ोहदोङ.
बरको रुख *n.* बा़हर तोहङबो.
बरज्यु *n.* मेहमो जुजु.
बर्मा *n.* ड्युङ.
बल *n.* बा़हल.
बलि दिनु *v. t.* मार क्याहपतोङ.
बल्दो कोइल *n.* सुहला.
बल्नु *v. i.* तीहदोङ;
v. t. बाहरतोङ;
v. t. पारतोङ;
v. t. सा़दोङ.
बसन्त ऋतु *n.* मुहल.
बस्नु *v. i.* तेहतोङ;
v. i. तेहतोङ;
v. i. h. स्युह.
बहिनी *n.* नोहमो.
बाँदर *n.* परेकेन;
n. परिव.
बाँध्नु *v. t.* ताहमदोङ.
बाँस *n.* मिलिङ चेमा;
n. पटप.
बाँस सानो *n.* मिलिम.
बाँस सानो दालो बनाउनेको लागि *n.* मीमा.
बाँसको सुकुल *n.* पोहरचा.
बाइस *num.* खालज्यि ङ्यि.
बाक्लो *adj.* थुकपु.
बाको दिदी *n.* अनि च्योमबो.
बाको बाहिनी *n.* अनि.

बाख्रो *n.* राह्.
बाघ *n.* च्येन.
बाजे *n.* मेँहमेँ.
बाटो *n.* लाहम.
बाण र घनुष *n.* दाह्.
बादल *n.* मुकपा.
बादल *adj.* रुहसुसुस.
बाबरी *n.* बाहरगारि मोँनदोँ.
बाबु *n.* अबा.
बाया *adj.* योँमा.
बार *n.* होरता;
num. च्यिड्ञि.
बारी *n.* बाहरि.
बाह्रौं *num.* च्यिड्ञिबा.
बाल्टिन *n.* बाहलटिन.
बाला *n.* दिउ.
बासी *adj.* ल्हामा.
बाहिर *postp.* फिला.
बाहुनr *n.* बा़हमेँन.
बाहुन *n.* क्युहमा.
बिग्रनु *v. t.* नोँहङदोङ.
बिचमा *postp.* पाहरकिला.
बिचरा *n.* निङछया.
बिचार *n.* नुङछया.
बिरामी *adj.* नाहदि.
बिरामी मन्छे *n.* नेँहपा.
बिरालो *n.* गुहरि.
बिरामी जुनु *v. i.* नाहदोँङ.
बिहिवार *n.* साह पुरपु.
बिद्यालय *n.* टोँहसा.
बिहा *n.* बिहहा.
बिहा *n.* पा़हमा.
बिहा माला *n.* पिहरु यु.
बिहान *n.* स्योहलेँ.
बीउ *n.* सेँन.
बीस *num.* खालज्यि;
num. ड्ञिज्यु.
बीसदतारे *adj.* कोँहलेला.
बुधबार *n.* साह ल्हाकपा.
बुहरी *n.* नामा.
बूट *n.* सोमबा.
बूढो *adj.* काहपु.
बेच्नु *v. t.* चोँहङदोँङ.
बेच्नेलाइ *n.* चोँहङगोँला.
बेला *adv.* बे़हलाला.
बेलुका *n.* कुहङसेँ.
बेसर *n.* युहङगा.
बेसरी *adv.* बेहसारी.
बेशर *n.* युहङगा.
बोलाउनु *v. i.* के क्याहपतोँङ.
बोल्नु *v. i.* लाहपतोँङ.
बौद्ध *n.* नाङमा.
ब्याउनु *v.t.* क्योँदोँङ.
ब्वाँसो *n.* फारा.

भ

भटमास *n.* रेनजा.
भत्कनु *v. i.* रोँहमदोङ.
भत्किनु *v. i.* रोँहमदोङ.
भतिजी *n.* छामु.

भन्दा *part.* मादि.
भन्नु *v. t.* लाहपतोङ.
भने *conj.* दैहज़े;
conj. लाहपना;
conj. मानि.
भरे *postp.* ताहलदा.
भर्नु *v. i.* काहङदोङ.
भर्याङ *n.* तोबा.
भाँडा कुन्डे माथि रक्सी बनाउनेको लगि *n.* हाडा.
भाँडा, ठूलो जग रक्सी बनाउनेको लगि *n.* कुनडे.
भाँडा सानो शंकु रक्सी बनाउनेको लगि *n.* पोनि.
भाँडा हाडा भित्र रक्सी बनाउनेको लगि *n.* चामा.
भाँडो *n.* नैकि.
भाँसको बारि *n.* पाङजा.
भाषा *n.* ताम.
भाइ *n.* नोह.
भाउज्यु *n.* नामा.
भाग्यमानी *adj.* किपु.
भाच्नु *v. t.* छ्यादोङ.
भाचेको *adj.* छ्या च्याबा.
भात *n.* तो.
भारी *n.* खुरपु.
भालु *n.* तोहम.
भिछु *n.* टाहबा.
भिजेको *adj.* पाहङपाङबा.
भित्ता *n.* बिगहता.
भित्र *postp.* नाहङला.
भिना *n.* माहकपा.
भुइँ *n.* सा.
भुट्नु *v.t.* ङोदोङ.
भुल्नु *v. t.* टेहमबा च्येहदोङ.
भूइँचालो *n.* स्यीङगुल.
भूमिगत *postp.* वाला.
भेट्न जानु *v. t.* खोरतोङ.
भेट्नु *v. t.* थुदोङ.
भेडो *n.* लुह.
भेन्टा *n.* बेहनद.
भोक लाग्नु *adj.* तोबा.
बोक्नु *v. t.* खुरतोङ;
v. t. क्योङदोङ.
बोकरि *n.* च्याहङ.
बोका *n.* पाबा.
भोलि *n.* नाहङबार.
भ्यागुतो *n.* पाहलबा.

म

म *pr.* ङाह.
मकै *n.* माहगि.
मत्रै *adj.* च्यीराङ.
मगज *n.* लेपा.
मंगलवार *n.* साह मिहङमार.
मदत *n.* माहदात.
मध्य *postp.* नाहङला.
मध्यान्ह *n.* ङ्यिहमा फे.
मधुमेह लाग्नु *v. t.* स्यालदोङ.
मन *n.* सेम.

मन् पर्छ *v. t.* सेम क्येदोङ.
मन पराउनु *v. t.* काहदोङ.
म्न्नु *v. t.* ङ्योहनदोङ.
मन्मा सोच्नु *v. t.* नेदोङ.
मरुदण्ड *n.* लुहङसो.
मरेको *adj.* स्यी स्यीबा.
मरेको मान्छे *n.* फुमबु;
n. रोह.
मर्नु *v. i.* स्यीतोङ.
मृगौला *n.* खालमा.
मल *n.* च्याहवा.
मल त्याग गर्नु *v. i.* क्याकपा ताङतोङ.
मसिनो *adj.* ज्याह्मबु.
मसला *n.* गाहराम मेहना.
महिना *n.* दाहवा.
महिला *n.* पेमपिज़्या.
मही *n.* ताहरा.
मही पर्नु *v. t.* स्याङदोङ.
मह *n.* पराहङ.
माकुरा *n.* स्यावा बुह.
माग्नु *v. d.* नाङदोङ.
माग्ने *n.* नाङगानदि.
माछा *n.* ङ्याह.
माछा कि सर्पाको अण्डा *n.* ङोङ.
माछाको सास सास फेरने अंग *n.* पोहचि.
मात्नु *v. i.* ज़िहतोङ.
मातो *n.* सा.
माथि *postp.* थोला;
postp. याहरला.
मानो ध्वजा *n.* लुङदार.
मानिस *n.* मिह.
माने *n.* माहनि.
मामा *n.* अस्याङ.
माया *n.* माहया.
मार्नु *v. t.* सेदोङ;
v. t. सेतेरतोङ.
माला *n.* छुहरु.
मासु *n.* स्या.
माहुरिको चाका *n.* तीप चाङ.
हामो *pr.* ङ्यिह;
pr. होराङ.
मिर्ग *n.* खेस्या.
मिटो *adj.* स्यिहमबु.
मित्रा *n.* ङ्योन.
मिनट *n.* कारमा.
मिल्नु *v. i.* डीहतोङ;
v. i. डीहतोङ.
मिलस्सार *adj.* डीबु.
मिलाउनु *v. i.* डीहतोङ;
v. t. सेदोङ.
मीहरु *n.* मेहमेया.
मुख *n.* खा.
मुटु *n.* निङ.
मुडग्रो *n.* ठवा.
मुद्दा *n.* मुहदा.
मुस *n.* पोला.
मुसो *n.* चुङबे.
मूर्खा *adj.* चीकपा.
मूला *n.* लाहबु.
मेच *n.* कुरच्यि.
मेवा *n.* मेहवा.
मैन बत्ति *n.* छ्योमे.
मैन बत्ति राख्ने बस्तु *n.* कुङगा.
मोजा *n.* मोजा.

मोटर साइकल *n.* पाकपा.
मोटो *adj.* क्याहबा.
मो:मो: *n.* मोह्मो.
मौरी *n.* तीप;
n. तिपामा.
मौसम *n.* ऐरका.

य

यहाँ *dem.* दाहला.
यो *dem.* दिह;
dem. तोदि.
यो जस्तै *adv.* देहनडा.
योनि *n.* तु;
n. जाहङ्मु.
ह्योल्मो *n.* हयोलमो.
योस्तो *adv.* देहनमु;
postp. फारपे.

र

रगं *n.* छे.
रक्सी *n.* अराक;
n. नुहरमा;
n. छ्याङ.
रगत *n.* ठा.
रन्दा *n.* बोहस्येला.
रमिता *n.* तेनमु.
राँगो *n.* माइह ; माहगि;
n. माइह रागो.
राजमाक तकारि *n.* चेमा.
राजा *n.* क्यालबु.
राडा *n.* रारा.
राडी *n.* महनडि.
रात *n.* कुहङ्मु.
रातो *adj.* माहरमु.
रातो चिप्लो मातो *n.* सीडि.
रातो पाण्डा *n.* होह बराकपा.
रातो बोडी *n.* बोहडा.
रातो माला *n.* पिहरु.
रातो माला, केताहारुको लागि *n.* सिह.
राम्तोरिया *n.* लेनडे.
राम्रो *adj.* याहबु.
रामाइलो *adj.* चुबु.
रायको सग *n.* पासागि छेमा.
रकिापी *n.* तेहरमा.
रिस *adj.* स्यिहताङ.
रुख *n.* तोहङबो.
रुद्रघण्टि *n.* च्याजुङ्मा.
रुनु *v. i.* ङुतदोङ.
रुपिया *n.* स्यीका.
रे *part.* लो.
रोटी *n.* खुरा.
रोक्नु *v. d.* ज्याहतोङ.
रोक्नुस *n. imp.* ज्यो.

रोप्नु *v. t.* ज्युह्दोङ.

रौँ *n.* पु.

ल

लक्ष्मी *n.* नोह्रगुनमा.
लख्नि *v. t.* ङ्योरतोङ.
लगाउनु *v. t.* कोह्नदोङ.
लगायत *postp.* कोह्ताराङ.
लङगडो *adj.* खोटे.
लज्जालु *adj.* मोह्छ्या.
लज्जित *adj.* ङो छ्यामु.
लड्नु *v. i.* ग्येलदोङ;
v. i. रिलदोङ.
लडाउनु.*v. t.* रीलतोङ.
लपसि *n.* कालाङ सेह्.
हल्ला *n.* के.
हल्लाउनु *v. t.* युङदोङ.
लसुन *n.* कोह्कपा.
लाउनु *v. t.* कोह्नदोङ.
लाग्नु *v. i.* फोदोङ.
लात् हान्नु *v. t.* तोह्कपागि
क्याह्पतोङ.
लामखुट्टे *n.* पोङदि.
लामा *n.* लामा.
लामा, ठूलो *n.* रिह्मबुर छये.
लामा पीठो मूर्ति *n.* तोरमा.
लामो *adj.* रिह्ङबु.
लिखा *n.* सोमा;
n. स्यि खु.
लिनु *v. t.* लेह्नदोङ.
v. t. थोदोङ.
लुकाउनु *v. t.* यिपतोङ.
लुगा *n.* कवेह्ला;
n. स्याह्मा.
लुगा लाउनु *v. t.* कवेह्ला कोह्नदोङ.
लेखदट्नु *v. t.*ङ्योतोङ.
लेख्नु *v. i.* परुह्दोङ.
लैजानु *v. t.* खेरतोङ.
लौरो *n.*परेका.

व

वटा *class.* काराङ.
class. थाल.
हवा *n.* ल्हाबा.
वस्त्र बन्द गर्नेको लागि *n.* थेरे.
वर्षा *n.* लोह्.
वह्री *n.* नामा.
वारपार *adv.* फारछुर.
वारी *postp.* छुर.
विचार *n.* नामसाङ.
विदेशी *adj.* क्याह्मि.

स

-संग *postp.* ङ्यिमु.
संझनु *v. i.* तेहमबा साहलतोङ.
हंसिया, खुर्पि *n.* सोहरा.
हँसाउने बुद्ध *n.* हास्याङ.
सक्नु *v. aux.* खुतोङ.
सङ्लो *n.* बिहलिङ.
सजिलो *adj.* जोह तेमु.
सत्र *num.* च्युपतिन.
सत्री *num.* खालसुम च्यु;
num. तिहनज्यु.
सन्तान *n.* साहनदान.
सनिवार *n.* साह पेमबा.
सपना *n.* मिलाम.
सफा *adj.* सुमबु;
adj. चाङमा;
adj. सुङ.
सबै कुराहरु *n.* यिहनजे मिहनजे.
समय *n.* छ्युजे.
समुह *n.* जाहति.
समुदाय *n.* मेहमेया;
pr. फेबे.
सम्म *adj.* लेपटा;
adj. टाङगा.
सय *num.* माहना काहङ.
सयपत्रि फुल *n.* साहसाइन मेहनदो.
सर्प *n.* परुहल.
सर्स्यु *n.* हुङगार.
सल्लाह *n.* टेह.
सल्लाह गर्नु *v. i.* टेह पेदोङ.
सवेरै *adj.* नाह्म सुमु.
सस्तो *adj.* ख्येमु.
ससुरा *n.* क्युहबु.
सहमत गर्नु *v. i.* तिङदोङ.
हांस्नु *v. i.* केमु क्यापत.
साँगुरो *adj.* तोहङबु.
साँचो *n.* साजो.
हाँस *n.* हाहङसा.
सागपात *n.* चेमा.
साङलो *n.* छ्यालदा.
साठी *num.* खालसुम;
num. दुहकच्यु.
सात *num.* तिहन.
सातौं *n.* रोह.
सादि *n.* स्याहमा.
सानो *adj.* पिहरु;
adj. च्येमि.
सानी आमा*n.* च्येच्ये.
साबुन *n.* फोस्योप.
सालनाल *n.* स्यामा.
सास फेरनु *v. i.* ऊ फेरतोङ.
सास रोकिनु *v. t.* छालदोङ;
v.t. ; v. i. क्याहपतोङ.
सासु *n.* क्युहमु.
सिउँदो *n.* कोमा;
n. छोलम.
सिंह *n.* च्येन.
सिँगान *n.* नापस्याल.
सिक्का *n.* देक.
सिक्नु *v. t.* लोपतोङ.
सिद्धयौनु *v. t.* सिहनदोङ.
सिमी *n.* स्यिमि.
सियो *n.* खाप.

सिरानी *n.* ङ्योबुल.
सिलाउनु *v. t.* चेमदोङ.
सिरु *n.* सवाह.
सीधा *adj.* छ्यारे;
adj. थेका.
सुक्नु *v. i.* कामदोङ.
सुख्खा *adj.* कामबु.
सुँघ्ना *n.* टिहमा.
सुँघ्नु *v. t.* टिहमा नामदोङ.
सुजि *n.* पिरमा.
सुत्नु *v. i.* ङ्याहलतोङ.
सुत्नुहुन्छ *v. i. h.* सिहम.
सुन *n.* सेर.
सुन्दर *adj.* जेहबु.
सुन्नु *v. i.* थेतोङ.
सुनवार *n.* साह दाहवा.
सुनिनु *v. i.* टाङदोङ.
सुनौलो *adj.* सेरकि.
सुपो *n.* लोमा.
सुर्य *n.* ङ्यिहमा.
सुराही *n.* पोङ.
सूर्योदय *n.* ङ्यिहमा.
सूर्यास्त *n.* ङ्यिहमा डुहपतोङ.
सूली *n.* हलि.
सेकेण्ड *n.* थाला.
सेतो *adj.* कारपु.
सेतो तारा *n.* टोहलमा.
सोच्नु *v. t.* नाम्साङ ताङदोङ.
सोड्नु *v. t.* टीहदोङ.
सोर *num.* च्युदु.
स्तुपा *n.* कोह्मबा;
n. छ्योरतेन.
स्तन *n.* होमा;
n. पराहङगो.
स्याउ *n.* स्याउ.
स्याल *n.* लुहनदि.
स्वास्त्य *n.* खालज्यो.
स्वास्नी *n.* पेहमि.

श

शहर *n.* क्याहसा.
शंखाकीरा *n.* लेपा बुह.
शत्रु *n.* टाह.
शान्त *adj.* कोहलेला.
शिकार खेल्नु *v. t.* स्यिकार चा.
शिशी *n.* काहमबु.
शुकवार *n.* साह पासाङ.
श्रीमती *n.* पेहमि.
श्रीमान *n.* ख्योगा.

ह

हजार *num.* पादि काहङ.
हत्केलो *n.* लाहकपा तिहङ.

हप्ता *n.* साता;
n. तिह्नडा.
हलुका *adj.* याङदि.
हारेक *adj.* टाहङमाराङ.
हरियो *adj.* ङोमबु.
हरियो तारा *n.* टोहल.
हरियो माला *n.* यु.
हरियो साग *n.* ताङलिमु चेमा.
हाँगो *n.* खापे.
हाड *n.* रोहको.
हात *n.* लाहकपा;
n. h. छ्याक.
हात गारदिले *adj.* छ्यालदा क्याहपति.
हात्ती *n.* लाहङगुस्या.
हालो *n.* थोङ.
हाल्नु *v. d.* लुदोङ.
हिउँ *n.* खावा.
हिजो *n.* दाहङ.
हिजोआज *adv.* दाहङ तेहरिङ.
हिंड्नु *v. t.* यूहदोङ.
हिन्दु *adj.* छ्यिपा.
हीर *n.* तुहरपु.
हुन लग्नु *v. d.* -च्युतोङ.
हुन्छ *v. cop.* ओहगे.
हेर्नु *v. i.* तादोङ;
है *voc.* ओ.
हो *v.* ह्रिमबा.
हो; छ *v. cop.* दुह.
होइन *v. cop.* मिहन;
v. cop. मिहनदु.
होचो *adj.* मामु.
होला *v. cop.* येहटो;
v. cop. यिहनडो.

अङ्ग्रेजी - लाम्लाम्जुङ योहल्मो

A - a

above *postp.* थोला;
postp. याहरला.
across *postp.* फारकोनला.
Adam's apple *n.* च्याजुङ्मा.
advice *n.* टेह्.
afraid *adj.* जिह्बा.
after *postp.* तिङ्ला.
afterbirth *n.* स्यामा.
again *conj.* पिह्च्या.
agreeable *adj.* डीबु.
alcohol, strong *n.* अराक;
alcohol, weak *n.* नुहरमा;
n. छ्याङ.
alive *adj.* सोमबो.
all *adj.* जाहम्मा ; टाहम्माराङ.
ally *n.* ङ्योन.
alone *adj.* च्यीराङ.
also *conj.* अङ;
part. ना.
among *postp.* नाहङ्ला.
amulet *n.* सुङा.
ancient *adj.* तुङबो जुक.
and *conj.* अनि;
conj. राङ.
and then *conj.* ओहलेगि.
anger *adj.* स्यिहताङ.
animal *n.* रिहदा;
n. सेमजेन.
annoy *v. t.* ङ्योरतोङ.
ant *n.* टोह्माङ.
any *adj.* च्यि अङ.
anything *adj.* च्यि अङ.
apple *n.* स्याउ.
apron, traditional *n.* पाङगेप.
arm *n.* लाहकपा पुङबा.
aroma *n.* टिह्मा.
arrive *v. i.* लेपतोङ.
arrow and bow *n.* दाह्.
arum *n.* या.
ask *v. t.* टीहदोङ.
ask for *v. d.* नाङदोङ.
asparagus *n.* इबि रेरे.
at the time *adv.* ब्रेहलाला.
at the time *adv.* गाहरिला.
aunt, father's sister *n.* अनि;
aunt, mother's sister *n.* च्येच्ये.
auxiliary verb *v. i.* तेहतोङ.
axe *n.* तारि.

B - b

baby *n.* पिहज़्या.
back *n.* क्याहप.
back apron *n.* तिकिस.
bad *adj.* मिङहिबा.
bag *n.* काहलदा.
bamboo mat *n.* पोहरचा.
bamboo, small *n.* मिलिम.
bamboo, small and split *n.* मीमा.

bamboo, large *n.* पटप.
bamboo, shoots *n.* मिलिङ चेमा.
banana *n.* मोह्जे.
bark *n.* पाबा.
barley *n.* कारु.
barracks *n.* छ्याउकि.
base *n.* दाग.
n. दाह्लो;
n. कोह्रको;
basket, large *n.* चेलबा;
n. टोकारि.
basket, conical *n.* स्यो.
basket, flat *n.* चारमु.
basket, inner layer *n.* नाह्ङमा.
basket, outer layer *n.* फिमा.
basket, storage *n.* च्याह्ङ.
bat *n.* फाबाङ.
bayleaf *n.* स्यिङा पको.
bean, kidney *n.* बोह्डा.
beans *n.* स्यिमि.
bear *n.* तोह्म.
beautiful *adj.* जेह्बु.
because *conj.* च्यिपे लाह्पना.
bed *n.* खाट.
bee *n.* तीप;
n. तिप्पामा.
beehive *n.* तीप चाङ.
before *adv.* ताह्ज़्यि;
postp. दिनला;
postp. तोह्ङला.
beggar *n.* नाङगानदि.
behind *postp.* क्याह्पला.
bell *n.* टिलबु.
belly *n.* फो.
below *postp.* चाला.
belt *n.* कारा;
n. पाटुका.
belt, wear *v. t.* पेटी च्यिङदोङ.
bend over *v. i.* कुह्र पेह्तोङ.
between *postp.* पाह्रकिला.
big *adj.* छ्योमबो.
bile *n.* ठिबा.
bind *v. t.* कीदोङ;
v. t. ताह्मदोङ;
v. t. टाह्तोङ.
bird *n.* पिटुलि;
n. साह्रु;
n. चेह्तरे.
bird, general *n.* च्याजुङमा.
birth, give *v.t.* क्येदोङ.
bite *v. t.* अ तापतोङ.
bitter *adj.* खेनदि.
black *adj.* नाह्कपु.
blacksmith *n.* छ्यादुङ.
blanket *n.* मह्नडि.
blood *n.* ठा.
blow *v. i.* फुदोङ.
blowing pipe *n.* मेह्स्योङ.
blue *adj.* ज्याह्ङगु;
adj. ङोमबु;
adj. ङोमसे.
body *n.* जुह्बु.
boil *n.* टिङबुर;
v. t. कोलदोङ.
bone *n.* रोह्को.
book *n.* किताब;
n. छ्ये.
boots *n.* सोमबा.
both *adj.* ङ्यिकाराङ.
bottle *n.* काह्मबु.
bound *adj.* छ्यालदा क्याह्पति.

bow and arrow *n.* दाह्.
bowl *n.* मेह्नज्या.
bowls, water *n.* येहनज्याप फुल.
bracelet *n.* दिउ.
Brahmin *n.* ब्राह्मेन;
n. क्युह्मा.
brain *n.* लेपा.
branch *n.* खापे.
bread *n.* खुरा.
break *v. i.* रोह्पतोङ;
v. t. रोपतोङ;
v. t. छ्यादोङ.
break even *v. t.* लोह्दोङ.
breast *n.* ओह्मा.
breathe *v. i.* ऊ फेरतोङ.
bridge *n.* साहमबा.
broken *adj.* छ्या च्याबा.
broom *n.* फयामा.
broom, cloth *n.* योनदो.
brother, elder *n.* अदा.
brother's daughter *n.* छामु.
brother's son *n.* छाउ.
brother's wife *n.* नामा.
brother, younger *n.* नोह्.
brown *adj.* थाला राङ.
brush *v. t.* स्योह्.
bucket *n.* बाह्लटिन.
buckwheat *n.* क्याह्परे.
Buddha, laughing *n.* हास्याङ.
Buddhist *n.* नाङ्मा.
buffalo, male *n.* माइह् रागो.
buffalo, female *n.* माइह्; माह्गि.
burn *v. i.* तीह्दोङ;
v. i. छिदोङ;
v. t. बाह्रतोङ;
v. t. सादोङ.
bushland *n.* दोह्प.
butter *n.* माह्र.
butterfly *n.* फिमलि.
buttermilk *n.* ताह्रा.
button *n.* टुङ.
buy *v. t.* ङ्योह्दोङ.

C - c

cabbage *n.* ब्राह्नदा.
call *v. i.* के क्याह्पतोङ.
can *v. aux.* खुतोङ.
candle *n.* छ्येमे.
candle holder *n.* कुङ्गा.
candle wick *n.* दाह्र.
carpet *n.* दाह्रि.
carrot *n.* माह्रमु लाबु.
carry *v. t.* खुरतोङ;
v. t. क्योङदोङ.
caste *n.* किपा.
cat *n.* गुह्रि.
caterpillar *n.* बुह् सिह्कपा;
n. खिबा.
cauliflower *n.* काउली.
cause *v. d.* -च्युतोङ.
cave *n.* पारा कुना.
censer *n.* पे बुर.
centre *adj.* माज़्युा.
chair *n.* कुरच्यि.
chase *v. t.* ङ्योतोङ.
cheap *adj.* ख्येमु.

cheek *n.* डाह्मबा.
cheese *n.* लाह्बा;
n. छ्युरपि.
chest *n.* पराह्ङगो.
chestnut tree *n.* स्यीङगार.
chew *v. i.* मुह्रतोङ.
chicken *n.* च्याह्.
chicken, wild *n.* रीज्या.
child *n.* पिह्ज़्या.
children; offspring *n.* साह्नदान.
chilli *n.* मारचि.
chin *n.* कोमा.
chives *n.* च्योङ.
choke *v. t.* छालदोङ;
choose *v. t.* दाह्मदोङ;
v. t. छ्यानदोङ.
churn, buttermilk *v. t.* स्याङदोङ.
citrus, large *n.* निमाबा.
city *n.* क्याह्सा.
claywash *n.* सीडि.
clean *adj.* सुमबु;
adj. साङमा;
adj. सुङ;
v. t. सालदोङ.
clever *adj.* च्याङबु.
classifier *class.* मेह्नदा.
classifier, emphatic *class.* थाल.
climb up *v. i.* जाह्तोङ.
close *v. t.* चुमदोङ.
closed *adj.* क्याह्प.
cloth, religious *n.* दाह्ज़ा.
cloth, sealing *n.* थेरे.
clothing *n.* कवेह्ला.
cloud *n.* मुकपा.
coals *n.* बुबरो.
coat *n.* च्युबा.
cockroach *n.* बिह्लिङ.
coconut *n.* नारिवाल.
coin *n.* देक.
cold *adj.* टाह्ङमु.
cold, to feel *v. i.* क्यादोङ.
cold, weather *adj.* क्याबु.
collapse *v. i.* रोह्मदोङ.
colour *n.* छे.
come *v. i.* ओह्ङदोङ;
v. i. h. फेपतोङ.
come down *v. i.* फापतोङ.
come, imperative *v. imp.* स्योतोङ.
come out *v. i.* पोह्दोङ.
compare *part.* मादि.
compatible *adj.* डीबु.
complete *v. t.* सिह्नदोङ.
converse *v. i.* साह्लतोङ;
v. i. तामया पेह्दोङ.
convince *v. t.* ओह्मदोङ.
convincing *part.* ले.
cook *v. t.* योह्दोङ.
cooking pot, large *n.* सह्ङ दिह्क.
cooking pot; small *n.* नेकि.
copula verb *v cop.* येह्;
v cop. यिह्मबा.
copula verb, general fact
v. cop. ओह्गे.
copula verb, negative *v. cop.* मेह्.
v. cop. मिह्न.
copula verb, past *v. cop.* येह्के.
copula verb, past, negative *v. cop.* मेह्के.
copula verb, perceptual *v. cop.* दुह्.
copula verb, perceptual negative *v. cop.* मिह्नदु.

copula verb, uncertain *v. cop.* येहटो;
v. cop. यिहनडो.
copula verb, uncertain, negative *v. cop.* मेहटो.
v. cop. मिहनडो.
copper *n.* सहङ.
coral *n.* पिहरु.
coral necklace *n.* पिहरु.
coriander *n.* ऊहसु.
corn *n.* माहगि.
corpse *n.* फुमबु;
n. रोह.
correct *adj.* तेमबा.
cough *n.* लोपक्याल.
count *v. t.* ताहङदोङ.
country *n.* देहस्य.
courtyard *n.* यीलदो.
cover *v. t.* उपतोङ.
cow *n.* पहलङ.
cradle *v. t.* थोदोङ.
cradled arms *adj.* फाङबा.
crippled *adj.* खोटे.
crouch *v. i.* कोहङतोङ.
crow *n.* च्याहरो.
cry *v. i.* ङुतदोङ.
cuckoo *n.* कुकु.
cucumber *n.* काहवान;
n. लासी;
n. तोहरियाङ.
cumin *n.* मेना.
cup *n.* कायु.
cup, for raski *n.* पुजि.
curd *n.* स्योह.
cut *v. t.* तुपतोङ.
cut, grass *v. t.* ङादोङ.

D - d

daal *n.* मासे.
dagger; knife *n.* काथा.
dance *v. t.* छ्यामदोङ.
dark *adj.* गाहडा;
adj. ना चुसे;
adj. थिङबु.
dark, become *v.i.* नाम सेदोङ.
darken *v.i.* नाम सेदोङ.
daughter *n.* पोहमो.
daughter's husband *n.* माहकपा.
day *n.* ङ्यिहमा.
day after tomorrow *n.* नाहङ दिहना.
day before yesterday *n.* खारनुप.
dead *adj.* स्यी स्यीबा.
deep *adj.* तिह रुङबु.
deer *n.* खेस्या.
defecate *v. i.* क्याकपा ताङतोङ.
diamond *n.* नुहरपु.
diarrhoea, have *v. t.* स्यालदोङ.
die *v. i.* स्यीतोङ.
different *adj.* राहङसा.
dig *v. t.* कोदोङ.
dirt *n.* थालबि.
dirty *adj.* नामदा;
adj. ङ्योकपा;
adj. टाहलु.
do *v. t.* पेहदोङ;

v. t. च्योह्लदोङ.
dog *n.* खि.
donkey *n.* पुहङ्गु.
door *n.* कोह्.
dorge *n.* दोह्रज्ये.
down *postp.* माह्र.
downhill *postp.* पिचु.
drag *v. t.* तिस्याल क्याह्पतोङ.
dragon *n.* डुहक.
dragonfly *n.* पानि बुह्.
dream *n.* मिलाम.
dress *v. t.* क्वेह्ला कोह्नदोङ.
dress, traditional *n.* अङदुङ.
drifting *adj.* रुह्सुसुस.
drill *n.* ड्युङ.
drink *v. i. h.* छ्यो;
v. t. थुङदोङ.
drunkard *n.* छ्याङगेला.
drunk, become *v. i.* ज़िह्तोङ.
dry *adj.* कामबु;
v. i. कामदोङ.
dry season *n.* सेरताङ.
dual *num.* ड्यिपु.
duck *n.* हाहङसा.
dull *adj.* बोह्कतो.
dumpling *n.* पाह्क.
dust *n.* थाला.

E - e

eagle *n.* ठावा.
ear *n.* नामजो.
earlier *n.* दाहङ.
early *adj.* नाह्म सुमु.
earring *n.* अलोङ.
earth *n.* सा;
n. सातिङ.
earthquake *n.* स्यीङगुल.
east *n.* स्येर.
easy *adj.* जोह् तेमु.
eat *v. i.* साह्तोङ;
v. i. h. स्येह्;
v. i. h. छ्ये.
eat, imperative *v. imp.* सोह्.
egg *n.* ङोङ;
n. च्येह्मेनदो;
n. च्येमु कोङा.
egg, louse *n.* सोमा.
eggplant *n.* बेह्नद.
eight *num.* क्येह्.
eighteen *num.* च्येपक्ये.
eighth *num.* क्येह्बा.
eighty *num.* खालस्यि;
num. क्याज्यु.
elbow *n.* कुङ जुहङ.
elder *adj.* ज्येटि.
elephant *n.* लाहङगुस्या.
eleven *num.* च्युज्यि.
eleventh *num.* च्युज्यिबा.
embarrassed *adj.* ङो छ्यामु.
embers *n.* सुह्ला.
emphasis *part.* याहङ.
emphatic marker *part.* ताह्.
empty *adj.* तोह्ङबा.
enemy *n.* टाह्.
enough *adj.* ओह्ज़ेराङ.

enough, have *v. t.* दाहङदोङ.
enter *v. i.* स्यूहदोङ.
evening *n.* कुहङसे.
every *adj.* टाहङमाराङ.
everything *n.* यिहनजे मिहनजे.
exclamation of surprise *part.* ये.
exclamation *excl.* अछ्या.
exit *v. t.* स्यालदोङ.
eye *n.* मी.
eyebrow *n.* मिचा.
eyelash *n.* मी पु.

F - f

face *n.* तोहङबा.
fall *v. i.* फापतोङ;
v. i. रिलदोङ;
v. i. ताहपदोङ;
v. i. क्याहपतोङ.
fall, cause to *v. t.* रीलतोङ.
fall over *v. i.* ग्येलदोङ.
fall, down *v. i.* परुलतोङ.
fall, out *v. i.* परोहदोङ.
family *n.* मेहमेया.
far *adj.* था रिङबु.
farm *n.* स्यिहङ.
farmer *n.* स्यिहङले.
fast *adj.* ग्युग्युबा ; ग्युबा.
fat *adj.* क्याहबा.
father *n.* अबा.
father-in-law *n.* क्युहबु.
father's elder brother *n.* अगू च्योमबो.
father's elder sister *n.* अनि च्योमबो.
father's younger brother *n.* अगू.
father's younger sister *n.* अनि.
fear *v. i.* जिहतोङ.
feather *n.* स्योकपा.
feces *n.* क्याकपा.
feel sleepy *v. i.* ड्म्रीलोदोङ.
felt *v. i.* फोदोङ.
fence *n.* ओहरता.
fern *n.* सोहतो.
fever *n.* छावा.
few *adj.* तिबिच्यि.
field, grassy *n.* पाङजा.
fifteen *num.* च्येङा.
fifth *num.* ङाबा.
fifty *num.* खालङयि च्यु;
num. ङापच्यु.
fight *n.* राह.
fill *v. i.* काहङदोङ.
fine *adj.* ज्याहमबु;
adj. काम साबु.
finger *n.* लाहकपा जुहबु.
fingernail *n.* लाहकपा सेमु.
finish *v. i .* च्योहतोङ;
v. t. सिहनदोङ.
fire *n.* मेह.
fireplace *n.* कोहगा.
first *num.* तोहङबो.
fish *n.* ड्याह.
fit *v. i.* डीहतोङ.
five *num.* ङा.
flat *adj.* लेपटा;

adj. टाङगा.
flea *n.* किस्यि.
float *v. i.* क्यादोङ.
flock *n.* च्याङ.
floor *n.* सा.
flour *n.* चाम्बा.
flour, cooked *n.* गोहनडे.
flour, wheat *n.* पाहकपे चामबा*n.* गोह चामपा.
flower *n.* मेहनदो.
fly *n.* पराहङमाङ; *v. i.* उहरतोङ.
fog *n.* मुकपा.
food *n.* साहसे.
foot *n.* तिङबा, काङबा; *n.* तोहका.
foot, honorific *n. h.* स्यापटा.
force *n.* बाहल; *n.* जाबेरज्यासति.
forehead *n.* मुरचा.
foreign *adj.* क्याहमि; *postp.* फिला.
forest *n.* रिह.
forget *v. t.* टेहमबा च्येहदोङ.
fork *n.* खिमबु.
forty *num.* खालङयि; *num.* स्यिहपच्यु.
four *num.* स्यिह.
fourteen *num.* च्युपस्यि.
fourth *num.* स्यिहबा.
Friday *n.* साह पासाङ.
friend *n.* रोह.
frog *n.* पाहलबा.
from *adv.* यिहनजो.
from there *conj.* देहलेगि.
fruit *n.* फालफुल; *n.* स्यीङडो.
fry *v.t. ; v. i.* क्याहपतोङ.
full *adj.* काहङ.
funeral *n.* क्याहवा.

G - g

game *n.* चेमे.
garam masala *n.* गाहराम मेहना.
garden *n.* बाहरि.
garlic *n.* कोहकपा.
gate keeper *n.* गेहद पाले.
gather *v. t.* रुहपतोङ; *v. t.* टुकतोङ.
get *v. t.* जोहरतोङ.
get out *v. i.* स्योहरतोङ.
ghee *n.* माहर.
gift *n.* नासो.
gills *n.* पोहचि.
ginger *n.* क्याहपस्या.
girl, young *n.* स्येरमा.
give *v. d.* नाङदोङ; *v. d.* तेरतोङ.
give each other *v. d.* छ्येपतोङ.
glass *n.* गिलाहस.
glasses, reading *n.* मीक स्येल.
go *v. i.* डोहदोङ; *v. imp.* सोङ.
go out *v. i.* तेहनदोङ; *v. i.* थेनतोङ.
go, perfect *v. i.* काहलतोङ.

go, together *v. i.* डीहतोङ.
go, walk *v. t.* यूहदोङ.
goat *n.* राह.
god *n.* ल्हा.
god, wealth *n.* ज्याहमबाला.
goddess *n.* ल्हामु;
n. नोहरगुनमा;
n. टोहल;
n. टोहलमा.
gold *n.* सेर.
golden *adj.* सेरकि.
good *adj.* चुबु;
adj. याहबु.
gossip *v. i.* ताम स्येक्तोङ.
gourd *n.* तोरयाङ.
grain *n.* डुह.
granddaughter *n.* छामु.
grandfather *n.* मेहमे.
grandmother *n.* यिबि.
grandson *n.* छाउ.
grass *n.* छये.
grassy field *n.* पाङजा.
grease *n.* स्याह.
greasy *adj.* स्याक.
great grandfather *n.* मेहमो जुजु.
great grandmother *n.* यिबि जुजु.
green *adj.* ज्याहङगु;
adj. ङोमबु.
green, pale *adj.* ङोमसे.
greetings *excl.* टास्यि देले.
grit, rice *n.* ज्याहगि.
ground *n.* सा.
group *n.* बाहखाल;
n. जाहति;
n. मेहमेया.
group, female *n.* मेहमेया.
group, male *pr.* फेबे.
guava *n.* अमबाक.
guest *n.* डोहमबो.ग
Gurung *adj.* गोहरोङ.
guts *n.* क्युहमा.

H - h

hail *n.* सेरा.
hair *n.* टा.
hair part *n.* छोलम.
hair, body *n.* पु.
hair, facial *n.* माङरा.
hairstyle *n.* ल्हेमा.
half *adj.* फे.
hand *n.* लाहकपा.
hand, honorific *n. h.* छ्याक.
hang *v. t.* पयाङदोङ.
happy *adj.* केहदाङ लाहङ.
hardship *n.* तुहपु.
hat *n.* स्याहमु.
hat, honorific *n. h.* कुस्या.
head *n.* गोह.
head lama *n.* खेमबु.
head, top *n.* छोलम्.
head strap *n.* नामलि.
health *n.* खालज्यो.
hear *v. i.* थेतोङ.
heart *n.* निङ;
n. सेम.

heavy *adj.* च्येनदि.
hectic *adj.* सिहनदा.
help *n.* माहदात.
here *dem.* दाहला.
hey *part.* ऐ.
hide *v. t.* यिपतोङ.
high *adj.* थोमबो.
hill *n.* काहङ.
him; he *pr.* खो.
him ; it; this *dem.* दिह.
Hindu *adj.* छियपा.
hip *n.* केफा.
hit *n.* तुहङदा;
v. i. फोदोङ;
v. t. तुहङदोङ;
v.t. ; v. i. क्याहपतोङ.
hoe *n.* तोज़ियि;
n. चोहरा.
hold *v. t.* प्याहतोङ.
hold in arms *v. t.* फाङदोङ.
hole . तोलबो.
honey *n.* पराहङ.
hoof *n.* खुर.
horse *n.* टाहबु.
horse radish *n.* हुङगार.
hot *adj.* छापा.
hot chilli *adj.* कारपा.
hour *n.* छ्युजे.
house *n.* खिम.
how *q.* काहन पेदि;
q. काहनडा;
q. काहनमु.
how many *q.* काहज़्ये.
hug *n.* पराहङज्या.
hundred *num.* माहना काहङ.
hungry *adj.* तोबा.
hunt *v. t.* स्यिकार चा.
hurt *adj.* नेनदि.
husband *n.* ख्योगा.
husks, rice *n.* पोला.

I - i

I *pr.* ङाह.
idea *n.* नुङछया.
if *conj.* देहज़े;
conj. लाहपना;
conj. मानि.
ill *adj.* नाहदि;
v. i. नाहदोङ.
imprison *v. t.* च्युपदोङ.
in front of *postp.* दिनला.
incense *n.* साङ.
n. दुहप;
n. पे;
n. स्युहकपा.
incense pot *n.* साङबुर.
including *postp.* कोहताराङ.
insane person *n.* ड्योङबा.
insect *n.* बुह;
n. डेहडे;
n. लाहगोर बुह;
n. छाकपालिङ.
inside *postp.* नाहङला.
intestines *n.* क्युहमा.
invocation *voc.* ओ.
iron *adj.* च्या.

island *n.* छ्यो.

it; him; this *dem.* दिह्.

J - j

jackal *n.* लुह्नदि.
jar *n.* पोङ.
jealous *adj.* ठादोक.
join *v. t.* थिदोङ.
joyfully *adj.* टुप काह्ला.
jug *n.* अरु;
n. पुह्मबा;
n. फुमबा.
jug *n.* काह्लदा.
jump *v. i.* फिरतोङ.

K - k

Kathmandu *n.* येह्मबु.
kettle *n.* थीबरि.
key *n.* साजो.
khata *n.* कादह्ा.
kick *v. t.* तोह्कपागि क्याह्पतोङ.
kidney *n.* खालमा.
kill *v. t.* सेदोङ;
v. t. सेतेरतोङ.
king *n.* क्यालबु.
kitchen *n.* कोह्गा.
knee *n.* छीङगोर.
knife *n.* करता.
know *v. t.* हा कोदोङ;
v. t. स्येदोङ.

L - l

ladder *n.* तोबा.
lake *n.* अल;
n. कोह्लमो.
lama *n.* लामा.
lama, reincarnate *n.* रिह्मबुर छये.
lame *adj.* जेह्वा.
language *n.* ताम.
lap *adj.* फाङबा.
lapsi *n.* कालाङ सेह्.
latch *n.* चुकुल.
late *adj.* कुह्लबा.
later *postp.* ताह्लदा.
laugh *v. i.* केमु क्यापत.
lay *v. i.* ड्याह्लतोङ.
lazy *adj.* छेरसि.
leaf *n.* लाह्पति;
n. लोह्मा.
leafy greens *n.* चेमा.

n. ताङलिमु चेमा;
n. यालो छेमा.
learn *v. t.* लोपतोङ.
leave *v.* ज़्या;
v. i. पोह्रतोङ;
v. t. क्युदोङ.
leech *n.* पेपे.
left *adj.* योमा.
leg *n.* काङबा.
legal dispute *n.* मुह्दा.
lemon *n.* कागाति.
lentils *n.* मासे.
letter *n.* यिह्गि.
lick *v. t.* दाह्दोङ.
light *adj.* क्ये तहाल;
adj. याङदि;
v. t. पारतोङ.
lightening *n.* नाम था.
like *postp.* राह्रा;
postp. टिह्लेराङ;
v. t. काह्दोङ;
v. t. सेम क्येदोङ.
limbs, stretch *v. i.* स्ये क्याह्ङ.
lion *n.* च्येन.
lip *n.* छ्योदो.
listen *v. t.* ङ्योह्नदोङ.
liver *n.* च्यिमबा.
lizard *n.* छ्येपारे.
load *n.* खुरपु.
lock *n.* कोह्लज्या.
lonely *adj.* च्यीराङ.
long *adj.* रिह्ङबु.
look *v. i.* तादोङ.
loom *n.* राह्टा.
louse *n.* स्यी.
louse, small *n.* स्यि खु.
love *n.* माह्या.
low *adj.* मामु.
lucky *adj.* किपु.
lungs *n.* लुवा ; ल्वा.

M - m

magazine *n.* पोतरिका.
make *v. t.* ज़ोह्दोङ.
mallet *n.* ठवा.
man *n.* ख्योपिज़्या.
manner *adv.* डाह्ङा.
manure *n.* च्याह्वा.
many *adj.* दाह्ज़्ये;
adj. माह्ङबु.
marigold *n.* साह्साइन मेह्नदो.
market *n.* क्याह्सा.
married *adj.* पाह्का.
mat *n.* गुह्नदरि;
n. पोह्रचा.
mat, round *n.* च्याकटि.
match *v. i.* डीह्तोङ.
matching *adj.* डीबु.
me *pr.* ङाह्.
meat *n.* स्या.
medicine *n.* मेन.
meet *v. t.* थुदोङ.
midday *n.* ङ्यिह्मा फे.
midnight *n.* कुह्ङमु नुह्प फे.
milk *n.* ओह्मा.
millet *n.* क्याह्गार.

millstone *n.* लाह्गोर;
n. छ्युदा.
mind *n.* सेम.
mint *n.* बाह्रबारि मोनदो.
minute *n.* कारमा.
mirror *n.* मेलोङ.
mix *v. t.* सेदोङ.
molasses *n.* पराहङ.
mole *n.* चिक चिबा.
moment *n.* याह्मबि;
n. येह्मबा.
momo *n.* मोह्मो.
Monday *n.* साह् दाह्वा.
money *n.* डेह्बा;
n. टाङा.
monk (Buddhist) *n.* टाह्बा.
monkey *n.* परेकेन;
n. परिव.
monsoon *n.* ऐरका.
month *n.* दाह्वा.
moon *n.* दाह्गारमु.
morning *n.* स्योह्ले.
mortar and pestle *n.* ओकेल.
mosquito *n.* पोङदि.
mother *n.* अमा.
mother-in-law *n.* क्युह्मु.
mother's elder brother *n.* अस्याङ च्योमबो.
mother's elder sister *n.* च्येच्ये च्योमबो.
mother's younger brother *n.* अस्याङ.
mother's younger sister *n.* च्येच्ये.
motorbike *n.* पाकपा.
mountain *n.* लाह्.
mountain peak *n.* खावा.
mouse *n.* चुङबे.
mouth *n.* खा.
much *adj.* माह्ङबु.
mulberry *n.* राह्पालाङ.
mushroom *n.* स्यामु.
mustard *n.* पुह्ङगा.
mustard greens *n.*पासागि छेमा.

N - n

nail *n.* काति;
n. सेमु.
naked *adj.* नाङगो.
name *n.* मिह्न.
narrow *adj.* तोह्ङबु.
nasal mucus *n.* नापस्याल.
navel *n.* तिया.
near *postp.* सुरला;
postp. पोह्ला.
neck *n.* जिह्ङबा.
necklace *n.* छ्यालदा;
n. छुह्रु.
necklace, coral *n.* पिह्रु.
necklace, men's *n.* सिह्.
necklace, marriage *n.* पिह्रु यु.
need *v. t.* कोह्दोङ.
needle *n.* खाप.
neighbour *n.* खिम ज्ये.
Nepali *adj.* खासा.
nephew *n.* छाउ.

nettles *n.* स्वाह्.
never *adv.* नाह्माङ.
new *adj.* सामबा.
newspaper *n.* स्यीगु.
next *adj.* तिङग.
nice *adj.* चुबु.
niece *n.* छामु.
night *n.* कुह्ङमु.
nine *num.* कुह्.
nineteen *num.* च्युरकुह्.
ninth *num.* कुह्बा.
ninety *num.* कुह्पच्यु;
num. खालस्यि च्यु.
no one *n.* सु अङ.
noise *n.* के.
none *adj.* च्यि अङ.
noodles *n.* रारा.
north *n.* ङ्युम.
nose *n.* न्ासुम.
nothing *adj.* च्यि अङ.
now *adv.* ताह्पसे;
adv. ताह्ज़े;
adv. ताह्.
nowadays *adv.* दाह्ङ तेह्रिङ.

O - o

oats *n.* ने.
off, take *v. t.* पि.
offering *n.* छोप.
offspring; children *n.* साह्नदान.
oh *excl.* अपे.
oil *n.* नुम.
okra *n.* लेनडे.
old *adj.* काह्मु;
adj. निङबा.
old, animate *adj.* काह्पु.
one *num.* च्यी.
one, each *adj.* रेह्रेह्.
one, thousand *num.* पादि काह्ङ.
only *adj.* च्यीराङ.
open *adj.* काह्;
v. i. ताह्ङदोङ;
v. t. काह् पेह्दोङ.
or *conj.* कि;
conj. पिह्च्या.
other *adj.* राह्ङसा.
outside *postp.* फिला.
owl *n.* उपा.
own *n.* राह्ङ.
ox *n.* लाङ.

P - p

packet *n.* काह्लज्यु.
pale *adj.* क्ये तहाल.
palm *n.* लाह्कपा तिह्ङ.
panda, red *n.* होह् बराकपा.
pants *n.* जाह्गेङम;
n. पोलदुम.
papaya *n.* मेह्वा.
paper *n.* स्यीगु.

parcel *n.* दापा;
n. पयाक.
pass *v. d.* ङ्योतोङ.
patch *v. t.* टालति.
pay *v. t.* च्यालदोङ.
peach *n.* खामबु.
pen *n.* कालाम.
people *n.* मेह्मेया.
person *n.* मिह्.
pheasant *n.* टाह्.
pick *v. t.* टूदोङ.
pick up *v. t.* लाङदोङ.
pickaxe *n.* युह्रकानद.
pickle *n.* चौप.
pick up *v. t.* टूदोङ.
pig *n.* फा.
pile, corn *n.* ह्लि.
pilgrimage *n.* ने कोर.
pillow *n.* ङ्योबुल.
pin *n.* खिप.
pitcher *n.* सहङबुङ.
place *n.* ग्याह्.
plane *n.* बोह्स्येला.
plate *n.* तेह्रमा.
play *v. t.* चादोङ.
plough *n.* थोङ.
pocket *n.* खालडि.
politeness particle *part.* नि.
poor *adj.* पराङबु.
poor thing *n.* निङछया.
porcupine *n.* कोहार;
n. पिह्तीरी.
porridge *n.* थुकपा.
pot, middle for distilling alcohol
n. ह्ाडा.
pot, large for distilling alcohol
n. कुनडे.
pot, small for distilling alcohol
n. चामा.
pot, conical for distilling alcohol
n. पोनि.
pot, cooking *n.* कराई.
pot, storage *n.* सहङगि बागारि.
pot, tsámba *n.* पाकपुर.
pot, water *n.* साहङगि कुरवा.
potato *n.* हे.
pour *v. t.* पुदोङ.
prayer *n.* माह्नि.
prayer after death *n.* सिह्पयु सारक्यु.
prayer flags *n.* लुङदार.
prayer bell *n.* टिलबु.
pull *v. t.* टिह्दोङ.
pull out *v. t.* तेनदोङ.
pumpkin *n.* फारसि.
push *v. t.* फुल.
put *v. d.* ज्याह्तोङ.
put down *v. t.* तिह्.
put, imperative form *n. imp.* ज्यो.
put into *v. d.* सुरतोङ.
v. d. लुदोङ.

Q - q

quarrel *n.* ठुकपा.
quiet *adj.* कोह्लेला.

Lamjung Yolmo-English- Nepali Dictionary 85

R - r

radish *n.* लाह्बु.
ragged *adj.* थाङनाङ.
rain *n.* नम क्याप.
raise *v. t.* सोंदोङ.
raisin *n.* दाह्कला.
raspberry *n.* ङ्याहाङ.
rat *n.* चुङ्बे.
read *v. t.* टोह्दोङ.
reading glasses *n.* मीक स्येल.
receive *v. t.* सेह्.
recover *v. i.* ट्राह्तोङ.
red *adj.* माह्रमु.
red, pale *adj.* माह्रसे.
relative clause marker *rel.* लिमु.
religious festival *n.* तेमु.
remember *v. i.* तेह्मबा साह्लतोङ.
reside *v. i.* तेह्तोङ.
rest *v. i.* थाङ सालतोङ.
rest place *n.* नेसा.
return *v. i.* लोह्तोङ.
rhinoceros *n.* गेह्दा.
rhododendron *n.* ताङ्गु.
ribs *n.* चिमा.
rice, beaten *n.* फालगि.
rice, cooked *n.* तो.
rice, uncooked *n.* बरेह्.
rice, unhusked *n.* सवा.
rich *adj.* छ्युकपु.
right *adj.* तेमबा;
adj. योबा.
rim, of basket *n.* पानबु.
ring *n.* सेरतोप.
ripe *adj.* छेछेबे.
rise *v. i.* लाह्ङतोङ.
river *n.* लुह्ङ.
road *n.* लाह्म.
roast *v.t.* ङोदोङ.
roof *n.* पालि.
room *n.* खोपि.
root *n.* चारङि.
rope *n.* थाकपा.
rot *v. i.* रुह्लदोङ.
rotten *adj.* रुह्लरुलबा.
round *adj.* कोह्रमो;
adj. रहेलमु.
reported speech particle
part. लो.
rub *v. t.* कुदोङ;
v. t. मुरतोङ;
v. t. टुलदोङ.
ruler *n.* ठु.
run *v. i.* च्योङतोङ.
rupee *n.* स्यीका.

S - s

sacrifice *v. t.* मार क्याह्पतोङ.
sad *adj.* तिह्ङगल;

v. i. छेरतोङ.
saffron *n.* युहङगा.
saliva *n.* खाज्यु;
n. छयेमा.
salt *n.* छा.
salty *adj.* छापरे.
same *adj.* च्यीराङ.
sandals *n.* लेकाम;
n. च्यापाल.
Saturday *n.* साह् पेमबा.
sauce *n.* ख्यवा.
say *v. t.* लाह्पतोङ.
scar *n.* टाटे.
scarf *n.* करेमु.
scatter *v. t.* ताह्पतोङ.
school *n.* टोह्सा.
search *v. t.* छोलदोङ.
second *n.* थाला;
num. ङ्यिबा.
see *v. t.* थोङदोङ.
seed *n.* बुदि;
n. सेन.
seen *v. t.* थोङदोङ.
seize *v. t.* जुहमदोङ.
self *n.* राहङ.
sell *n.* चोह्ङगोला;
v. t. चोह्ङदोङ.
semolina *n.* पिरमा.
send *v. t.* ताङदोङ.
sesame *n.* तिल.
seven *num.* तिह्न.
seventeen *num.* च्युपतिन.
seventh *num.* तिह्नबा.
seventy *num.* खालसुम च्यु;
num. तिह्नज्यु.
sew, clothes *v. t.* चेमदोङ.
sew, grain *v. t.* ज्युह्दोङ.
shadow *n.* टिह्पसा.
shake *v. t.* युङदोङ.
shallow *adj.* थेमु.
shaman *n.* पोह्मबो.
sharp *adj.* नोमबो.
shawl *n.* काइतो.
she; her *pr.* मोह्.
sheep *n.* लुह्.
shine *v. i.* स्यारतोङ.
shirt *n.* तोको.
shirt, traditional *n.* ओनज्यु.
n. तोह्च्ये.
n. ताङज्युह्.
shoes *n.* कोह्पस्या.
shop *n.* दोह्गान.
short *adj.* थेमि.
show *n.* तेनमु;
v. t. तेनदोङ.
shy *adj.* मोह्छ्या.
sick *adj.* नाह्दि.
sick person *n.* नेह्पा.
sickle *n.* सोह्रा.
side *n.* पटि.
side, that *postp.* फार.
side, this *postp.* छुर.
silver *n.* ङुल.
sing *v. i.* नेह्नतोङ.
singlet *n.* गाह्नजि.
sister, elder *n.* अजि.
sister's, husband *n.* माह्कपा.
sister, younger *n.* नोह्मो.
sit *v. i.* तेह्तोङ;
v. i. h. स्युह्.
six *num.* टुह्.
sixteen *num.* च्युटु.

sixth *num.* दुह्कपा.
sixty *num.* खालसुम;
num. दुह्कच्यु.
skin *n.* कोबा.
skirt *n.* स्याहमा.
sky *n.* नम तिङ.
sleep *v. i.* ङ्याहलतोङ;
v. i. ङ्यि सेतोङ;
v. i. h. सिह्म.
slow *adj.* कुहलबा.
slowly *adj.* कोह्लेला.
small *adj.* च्येमि.
small, of animals *adj.* पिहरु.
smell *v. t.* टिह्मा नामदोङ.
smoke *n.* तिहपा.
snack *n.* ज्याहरा.
snail *n.* लेपा बुह.
snake *n.* परुह्ल.
snatch *v. t.* फरोदोङ.
snot *n.* नापस्याल.
snow *n.* खावा.
soap *n.* फोस्योप.
sock *n.* मोजा.
some *adj.* तिबिरेरे;
adj. च्यि अङ.
someone *n.* लाला.
something *adj.* च्यि अङ;
n. लाला;
n. च्यि इनाङ.
son *n.* पुह.
song *n.* लु.
son's wife *n.* नामा.
soon *adv.* ग्युबाराङ;
adv. ग्युग्युबा ; ग्युबा.
sore *n.* नेहपा;
n. सुह;
v. i. नाहदोङ.
sour *adj.* क्युरपु.
south *n.* ल्हो.
soybeans *n.* रेनजा.
speak *v. i.* लाहपतोङ.
spherical *adj.* डाहलो.
spicy *adj.* कारपा.
spider *n.* स्यावा बुह.
spinach *n.* पालाङ चेमा.
spine *n.* लुहङसो.
spirit, house *n.* कुहल.
spirit, snake *n.* लु.
split *v. t.* केहदोङ;
v. t. स्यादोङ.
spoil *v. t.* नोहङदोङ.
spoon *n.* खिमबु.
spoon, stirring *n.* क्येहवा.
spread *v. i.* तिङदोङ.
spring *n.* मुहल.
squeeze *v. t.* नेमदोङ;
v. t. चिरतोङ.
stale *adj.* ल्हामा.
stand *v. i.* लाहङतोङ.
star *n.* करमा.
statue, religious *n.* तोरमा.
steep *adj.* कामा.
stick *n.* परेका.
stone *n.* तोह.
stool *n.* पिरका.
stop *v. i.* कातोङ.
stork *n.* रोहङ गोहलोङ.
story *n.* तामबे.
straight *adj.* छ्यारे;
adj. थेका.
straw *n.* पराल.
strawberry *n.* खारबेसारे.

stretch *v. t.* थेनतोङ.
stroll *v. i.* युह्तोङ.
study *v. i.* ट्याह्तोङ;
v. t. टोह्दोङ.
stupa *n.* छ्योरतेन.
stupid *adj.* चीकपा.
suck *v. t.* ज्यिह्पतोङ.
suffer *v. i.* ङ्योङदोङ.
suffering *n.* तुह्पु.
suffice *v. t.* च्याङ.
sugar *n.* च्यिनि.
sugarcane *n.* कुह्रस्यीङ.
sun *n.* ङ्यिह्मा.
Sunday *n.* साह् ङ्यिमा.
sunrise *n.* ङ्यिह्मा.
sunset *n.* ङ्यिह्मा डुह्पतोङ.
supposition *part.* ना.
swallow *v. t.* ङ्यिह्पतोङ.
sweet *adj.* ङाह्रमु.
swell *v. i.* टाङदोङ.
swim *v. i.* च्याल क्याह्पतोङ.
Szechuan pepper *n.* ऐरमाङ.

T - t

tail *n.* ङामाङ.
take *v. t.* जुह्मदोङ;
v. t. लेह्नदोङ;
v. t. थोदोङ.
take off *v. t.* पि.
take away *v. t.* खेरतोङ.
take with *v. t.* खेरतोङ.
tall *adj.* थोमबो.
taste *v. t.* परेह् ताह्दोङ.
tasty *adj.* स्यिह्मबु.
tattoo *n.* खोप तिबा.
tea *n.* च्याह;
n. च्याह् पाह्कतु.
tear *n.* मीज्यु;
v. t. रालदोङ.
temple *n.* कोह्मबा.
ten *num.* च्यु.
ten thousand *num.* पादि च्यु.
tent *n.* टाज़्याङ.
tenth *num.* च्युबा.
thangka *n.* थाङकु.
thank you *excl.* थुच्ये छये.
that *dem.* ओह्दि;
dem. ओह्.
that, visible *dem.* तोह्दि.
that much *adj.* ओह्ज़ेराङ.
that way *adv.* ओह्नडा.
there *dem.* तेफुला;
postp. ओह्;
postp. तिह्.
therefore *conj.* ओह्दिगि पेह्दि.
thick *adj.* थुकपु.
thief *n.* कुमेन.
thigh *n.* काङबा लास्या.
thin *adj.* सापु;
adj. यिह्पा.
thing *n.* सेह्.
think *v. t.* नेदोङ.
think about things *v. t.* नामसाङ ताङदोङ.
third *num.* सुमबा.
thirsty *adj.* कोमसिन.

thirteen *num.* च्युपसुम.
thirty *num.* खालज्यि च्यु;
num. सुमज्यु.
this *dem.* दिह्.
this, that *dem.* तोदि.
this way *adv.* देहनडा.
adv. देहनमु.
thought *n.* नामसाङ.
thresh *v. t.* तुहङदोङ.
thresher *n.* कुनिङ.
three *num.* सुम.
throw *v. t.* क्युरतोङ;
v. t. ताङदोङ.
thunder *n.* नाम था.
Thursday *n.* साह् पुरपु.
Tibet *n.* पे.
tick *n.* मिलि स्यी.
tie *v. t.* ताह्मदोङ.
tiger *n.* च्येन.
tika *n.* टिका.
time *n.* छ्युजे.
tired *adj.* थाङ छ्ये.
today *n.* तिहरिङ.
toe *n.* काङबा जुहबु.
toggle *n.* तोका.
tomorrow *n.* नाह्ङबार.
tongs *n.* केमबा;
n. चिमटा.
tongue *n.* च्ये.
too *part.* ना.
tooth *n.* सो.
touch *v. t.* देह्दोङ.
trap *n.* फास.
tree *n.* तोह्ङबो.
tree, banyan *n.* ब्राह्र तोहङबो.
trick *v. t.* कारतोङ.
tripod *n.* च्याङगि.
Tuesday *n.* साह् मिहङमार.
tumbler *n.* बोहङना.
turmeric *n.* युहङगा.
turn *n.* क्येहपा;
n. पालो;
v. t. यिह्रतोङ.
turn soil *v. t.* युह्रतोङ.
turquoise *n.* यु.
twelfth *num.* च्यिड्ञिबा.
twelve *num.* च्यिड्ञि.
twenty *num.* खालज्यि;
num. ड्ञिज्यु.
twenty one *num.* खालज्यि च्यी.
twenty three *num.* खालज्यि सुम.
twenty two *num.* खालज्यि ड्ञि.
two *num.* ड्ञि.
two hundred *num.* माहना ड्ञि.

U - u

umbilical cord *n.* क्युहमा.
uncle *n.* अगू;
n. अस्याङ.
under *postp.* वाला.
up *postp.* याहरला.
uphill *adj.* कामा.
upset *adj.* तिहङाल.
urinate *v. i.* छ्यिदुङ तादोङ.
urine *n.* छ्यिङ.
us *pr.* ओहराङ.

V - v

vagina *n.* तु;
n. जाहङ्मु.
vase *n.* मेहनदो दाहनि,
see: मेहनदो.
vegetable *n.* चेमा.
vegetable curry *n.* चेमा.
vegetables, dried *n.* कैहदु.
vein *n.* चह.
very *adj.* माहङ्बु;
adv. बेहसारी.
village *n.* युहल.
visit *v. t.* केदोङ;
v. t. खोरतोङ.
vomit *v. i.* क्युदोङ.
vulture *n.* छारक्या.

W - w

waist *n.* क्येपा.
wait *v. i.* कूदोङ.
walk around *v. i.* कोरतोङ.
wall *n.* बिगहता;
n. चिकपा.
warm *adj.* टोहमबो.
wash *v. t.* ठुदोङ.
watch *n.* छ्युजे;
v.t. तादोङ.
water *n.* छ्यु.
waterfall *n.* छ्यु च्यारा.
way, that *adv.* ओरमु.
way, that *postp.* फारपे.
way, this *adv.* छुरपे.
way, this and that *adv.* फारछुर.
we *pr.* ङ्यिह.
wear *v. t.* केहनदोङ.
wear jewellery *v. t.* तादोङ.
weave *v. t.* ताहमदोङ.
wedding *n.* बिहहा;
n. प्याहमा.
Wednesday *n.* साह ल्हाकपा.
week *n.* साता;
n. तिहनडा.
weigh *v. t.* कारतोङ.
well *n.* इहनार;
n. खोलमो.
west *n.* च्याहङ.
wet *adj.* पाहङपाङबा.
what *q.* च्यि.
wheat *n.* टोह.
when *q.* नाहम.
where *q.* काहला.
which *q.* काहनदि.
white *adj.* कारपु.
white, non-typical *adj.* कारसे.
whitewash *n.* सागार.
who *q.* सु.
why *q.* च्यिपे.
wick *n.* दाहर.

wife *n.* पेह्मि.
wild greens *n.* तेह्गिनि छेमा.
wind *n.* ल्हाबा.
wing *n.* स्योकपा.
winnow *v. t.* टापदोङ.
winnowing tray *n.* लोमा.
wipe *v. t.* फयादोङ.
with *postp.* ड्ङ्मु.
wolf *n.* फारा.
woman *n.* पेमपिज़्या.
woo *v. t.* ओह्मदोङ.
wood *n.* स्यीङ.
word *n.* ताम.
work *n.* लेह्.
worm *n.* बुह्;
n. द्राहलु.
worn *adj.* राह्लराह्लबा.
worried *adj.* तिह्ङाल.
worship *n.* पुज़ापाट.
wound *n.* स्योह्वा.
write *v. i.* परुह्दोङ.
wrong *adj.* अचाले.

Y - y

yak *n.* याक.
yam *n.* रिह् हे.
year *n.* लोह्.
year, last *n.* नाह्निङ.
year, next *n.* साङबि.
year, two ago *n.* सिनिङ.
year, two ahead *n.* सेबि.
yeast, brewing *n.* फाप.
yellow *adj.* सेरपु.
yesterday *n.* दाह्ङ.
Yolmo *n.* हयोलमो.
you *pr.* ख्या.
you (pl.) *pr.* खुङ.
you (sg.) *pr.* खे.
young *adj.* स्यारा.
younger *adj.* कानचि.

Z - z

zucchini *n.* खेनदि कोह्रिलो.